学級経営サポートBOOKS

JN169812

学級づくりが
うまくいく！

中学校

「お題日記 & 学級通信」

水登伸子 著

明治図書

『お題日記＆学級通信』
こんにちは。水登伸子です。中学校の国語教師です。
2015年秋、『「特別の教科 道徳」の授業づくり』を出版しました♪
読んでいただいてありがとうございます。
だがしかし！
この本って、学級づくりのところが一番おもしろいですよね～。
でへへ
や～
これに出てくる「お題日記」のことがもっと詳しく知りたいんですけど…。
ん～話せば長くなるんですよ～。
学級通信ってネタがなくて続かないんですよ。
ネタはあります。
いや….
生徒がお互いを知ったり保護者にクラスのことを知ってもらうためのネタ切れ知らず….。
へいらっしゃい
それがお題日記です。
学級づくりしましょう！
いざ

Contents

第1章 「学級通信」と「お題日記」が生まれるまで

第2章 「お題日記」を始めてみよう

第3章 「お題日記」の「お題」を紹介！

第4章 「お題日記」は「返事」が肝心！

第5章 「学級通信」を役割を考えて書こう

第6章 「学級通信」のレイアウトを工夫しよう

第7章 「超・学級通信」を出そう

第1章
「学級通信」と「お題日記」が生まれるまで

1 担任はつらいよ（おもしろいけど）

❶ 修業時代

教師生活35年！「私，この職業，世界一向いてない！」と思ったことも35年のうちに２回ぐらいはありましたが，勤め始めてから，本格的に辞めようと思ったことが１回もないところをみると向いていたのかもしれません。しかも担任が好きで，担任をしていなかったのは１年目，３年目，進路指導主事だった年，３月～４月にかけて入院していた年の４回だけです（進路指導主事や学年主任をやりながら担任をしていたこともあるので）。

初任の年に私が配属された１学年は，ドラマの刑事物で言うと「特命係」みたいな感じの個性的な先生方ばかりで，私はまさに「箱入り娘」状態。そのお礼と言ってはなんですが，副担任として，担任が「あー，ちょっとしんどいなあ」と言ったら「私が学活に出ます！」とすべてのクラスに立候補していたわたくし。えらいわあ。いや，「就職しているけれど教育実習中の人」という方が近かったかもしれません。

かなり早い段階で「仕事については積極的に聞いてこないと何も教えないぞ！」みたいなことを言われたのもよかったのかもしれません。常にベテランの先生方と一緒にいて，私はその１年間に「こういう教員はダメ」「こういう担任はダメ」みたいな話を嫌というほど聞くことができたのでした。

そんなこんなで１年が過ぎ，そのすごい学年団の中で私が担任になるなんて，おこがましい限りだったのですが，周囲の配慮により初担任に。人生初のじんましんが出るほど緊張していました。

❷ 初めての担任

クラスのメンバーは，私でも大丈夫そうな生徒ばかり。特に学年の中でもしっかり者のMさんがいて，合唱祭の前に「先生，みんな先生が歌の指導ができることを知っています。『あのクラスは先生が指導しているから優勝したんだ』と，他のクラスの人に思われたくないので，できるだけ何もしないでください」と言われました。……うーむ。昭和の生徒，しっかりしすぎ（まあ，結局は口を出していったのですが，あのクラスほどポップに歌えた♪怪獣のバラード♪は，その後聞いたことがないと自負しています）。

しかも，その時の私は「虎の威を借る狐」もいいところ。反抗したらバックの先生たちが出てきてとんでもないことになるのくらい，生徒はわかりますよね。保護者対応で困った時に「この子はまだ，初めて担任になったばかりなので」とベテランの先生が丸く収めてくださって，内心「『この子』とか言われちゃうのかー」と落ち込んだこともありましたが，今思うと，そう言われてもしかたがないようなことしかできていませんでした。

家庭訪問に行って「こんにちはー」と挨拶したら，保護者が生徒のお兄ちゃん（高校生）の名前を呼んで「○○くん！　友達が来たよー！」と言われ「いや，弟さんの中学の担任なんですけど」「あっ，すみません。てっきり○○の友達かと……」っていうこともあったもんなあ。白いカッターシャツに紺色のスカートが高校の制服に見えたのかなあ。

それでもこの時，「担任」としては，今より生徒と距離があったような気がします。授業にしろ，学級経営にしろ，いったんゆるめたりくずしたりした後にすぐ引きつけられる自信がなかったからかもしれません。

ひとことアドバイス

もしも副担任をすることがあったら，できるだけ担任と一緒にいて，何が必要かを見ておきましょう。さらに複数のクラスを見ておくと，それぞれの担任のいろいろな工夫がわかるので，自分がいざ担任をする時によいところをマネすることができます。

2 中学生の気持ちを理解するなんて…

❶ 子供はあんまり好きじゃないんです

先生になろうとする人って，子供が好きな人が多いのでしょうか？　私はあんまり子供が好きな方じゃないかも。赤ちゃんは別にしても，いろいろな場面で小学生などを見ると（うちの大学の私の出た学部は，小学校教員の免許も取れないのに，「教育の基本だから」とかいって，小学校の教育実習があったのです），子供だからって何をやってもいいってわけじゃないぞ！　と，つい思ってしまうし。今，中学生に対しても「まあ，子供だからこのぐらいにしとくか」と思うことはほとんどありません。生徒を「子供として見る」のではなく「人間として見る」というのは，私が子供好きではないことが原因なのかもしれません。

子供好きではない私が，教師という職業を選び，中学生はおもしろいと思うのは，部活で後輩の面倒をみるような感じなのかもしれません。

まあそうは言っても，中学校を卒業してから，中学生と接するチャンスは大学時代にやっていた家庭教師だけ。中でも「何人も家庭教師が替わっているわがままな子がいるんだけど……」と頼まれた中２の女子はすごかった！　勉強をさせる前にまず，とっくみあいの毎日。この時は，中学生（というか，その女の子）の気持ちなんて全くわからず。本来の教育実習は附属の高校３年生相手だったので，あまり大学生と変わらず（ただ，最後の記念写真にひとりだけ横っ飛びにジャンプし，そのせいでみんなの顔が写らなかったという生徒がいましたが。その生徒は今，広島大学附属高校のベテランの国語の先生です）。そんなわけで，先生になって中学生の気持ちを理解しよう，あるいは理解できるとは全く思いませんでした。

❷ 「生徒から学ぶ」は比喩？

よく「生徒から学ぶ」という言葉を聞きますが，そんなものは，ある種の比喩であって，実際はあり得ないと思っていました。22歳の大人が13歳の子供から何かを学ぶなんて。しかし，１年目，担任でもないし，とりあえず部活にびっちりつくことにした私は，中学生って意外に大人で，まっすぐな考えをしている子が多いことに気づいたのです。

部活……。中・高・大と吹奏楽をやってきた私は，当然吹奏楽部の顧問になって，コンクールを目指すものだと思っていたのに，まさかの卓球部。経験もないので，とりあえず一緒に走ったり，球拾いしたり。走った後に，ぜいぜい言いながら，体育館の横のコンクリートに寝っ転がって毎日しゃべったりするのは人生で初めて。しかも，女子トークの相手が部活の生徒だけなので，中学生というものが何をどう見ているのかを，かなり知ることができたと思います。そして，「たとえ何かができなくても，かっこつけないでがんばったら，生徒はそれなりに評価してくれる」ということも知りました。

学級は，同じ方向を向いて進むのは一定期間に限られていて，あとはお互いが向き合ったりしているものですが，部活動は，同じ方向（簡単に言えば「勝ちたい！」）を向いてのかかわり合いなので，一人一人の本質や，本音が出やすいような気がします。学級経営のうまい先生は，たいてい部活動にも熱心で，驚くほど生徒の情報を知っています（自分の部活の生徒情報だけでなく）。

ひとことアドバイス

生徒は子供じゃないです。経験も知識も感受性も，確かに不十分ではありますが，その３つにしても，自分がもっていないものをもっている可能性は十分にあります。それを踏まえてつきあっていかないと，永遠に理解できるものではありません。

3 「学級通信」を出そうか？

❶ 話を聞いてくれる先生はダメ？

ある時，先輩の先生から次のような話をされたことがあります。「生徒が先生（私）のことを好きだと言うから，どういうところが好きか聞いてみた。そしたら，『話をよく聞いてくれるから』と言っていたけど，そんなことを言われるようではダメだな」

たぶん，新採のお姉ちゃん（私）が「うーん，気持ち，わかるわかる」などと同調して，生徒にとっての逃げ道になったら，私も生徒もダメになるし，厳しく進めてきた学年にとってもよくないと思われたのでしょう。確かにそうやって，周囲をひっかき回す先生っているもんなあ。生徒と一緒に他の先生の批判をしたり，生徒に言っちゃいけないことをもらしたりする人。

また，この学年の先生方は，誰ひとり学級通信を出しませんでした。その理由は「クラスの生徒に対して，朝会や終学活できちんと話をしていれば，学級通信なんか出す必要はない。自分の思いを言葉で伝えられないやつに限って，しょうもない学級通信を出すんだ」とのこと。まあ，その人たちが言うんだから，説得力がありましたよね……。生徒はちゃんと話を聞いているし，聞いているこちらが感動するほど話はうまいし。だから私，２年目でクラスをもたせてもらった時も，学級通信は１枚も出しませんでした。ただ，その時気づかなかったのは，その先生方が長年かけて築いてきた保護者との信頼関係です。通信を出さなくても「○○先生が担任なら，うちの子を安心して預けられる」という前提があっての話だったということです。

❷ 「虎の威を借る狐」を卒業する

そんなこんなで，ほぼ教育実習生状態の初任校を終え，転勤。今度は都会のマンモス中学校です。学校全部で30クラス以上あって，体育館に入りきらないのでグラウンドで始業式をやるのですが，誰が挨拶をしていようが，生徒の私語はやまず，前任校とのギャップにあ然。この時「ここからは自分でやるしかないのだな」と覚悟が決まりました。狐から虎への分岐点でした。

その頃，学校ではよく「保護者の理解と協力がなかなか得られない」という話題が出ていました。モンスターペアレンツの出始めくらいの時期だったのかもしれません。辞めていく同期採用の先生たちや，マスコミの過剰報道。ただ，自分自身はそんなにつらいとも思わないし，暴れているのは一部の生徒で，ほとんどの生徒はちゃんと学校生活を送っています。でも，もし自分がこの子たちの親だったら毎日心配だろうなー。そんなことを考えた私は，ふと「学級通信を出そうか」と思いついたのです。自分の思いを伝えるためではなく，クラスの楽しいことや，生徒の考えていることを保護者に知ってもらうための学級通信，安心してもらうための学級通信なら出してもいいんじゃないかな。そう思って，私は初めての学級通信を出すことにしました。そして，自分にしばりをかけました。

①説教（怒）のための通信は絶対に出さない。
②自分が追いつめられるほどの枚数は出さない。
（国語の授業プリントもつくらないといけないし，量より質！）
③絶対に保護者にも読んでもらえる作戦を考える。（これはその後，出すのを毎週末に固定することでうまくいくようになりました）

ひとことアドバイス

自分が尊敬する先輩方が，いとも簡単に生徒や保護者の心をつかんでいるからといって，自分も同じやり方が通用するとは限りません。マネをするのは大切だけど，それにこだわるのはやめましょう。これも私が学生時代の部活動で学んだことのひとつです。

4 「学級通信」を出してみた！

❶ 石井が走ると速すぎて見えない

最近になって特に，教員にとって保護者との関係づくりがいかに重要かということを考えるようになりました。というのも，ＰＴＡコーラスや，ＰＴＡのバレーボールのチームで一緒に練習したりすることで，保護者との絆が深まることを実感しているからです（戦力よりもお笑い担当だけど）。私は教員になって，いわゆる「クレーマー保護者」で嫌な思いをしたことが，ほとんどありません（ゼロではないですが）。初任校では，高校生に間違えられたくらいが関の山で，あまり保護者との関係はつくれませんでした。しかし，２校目の最初のクラスから，保護者との関係が変わった気がします。

運動神経抜群の石井くん。学級通信を書き始めて少したった時，誰かが「石井くんはすごく足が速いよ」と言ったので「どれくらい？」と聞くと「うーん……姿が見えないくらい」と答えて，大笑いになったことがありました。いいなあ。これ学級通信に使える！　クラスの生徒を毎号２人くらい紹介するコーナーをつくり，石井くんの紹介の締めくくりは「ちなみに，石井が走ると速すぎて見えない」としました。

これはまず先生方にウケました。「〇〇さんは，こないだ通信に載ってた生徒ですよね」など，校内での我がクラスの生徒の認知度がアップ。

そして保護者。我が子のことを担任がどう紹介してくれるのか，クラスメイトがどんな子たちなのか，「読んでますよー」「この前，スーパーでお母さんたちと話題になったんですよ」など，大きな反響がありました。そして懇談会でも「おもしろいから全部とってあります」「主人も毎週楽しみにしています」と言われるようになってきました。つまり私は，「転勤してきたばかりの，よくわからない若い女の担任」ではなく，生徒の見方やものの考え方などを「よく知っている担任」になったのです。

❷ 保護者と仲良くなる

これが「学校側の人間＝どうせわかり合えない＝言いたいことは教育委員会に言わせてもらいます！」という関係にならないためのコツです。「よく知っている担任」であれば，対応に疑問があっても直接聞いてもらえて，誤解を解くこともできるし，こちらが悪ければ謝ることもできます。

今となっては，保護者はほぼ100％，自分より年下ですが（えー，ついにおばあちゃんが同い年の生徒登場……です。とほほ），この頃の私は20代。保護者から見たらまだまだ子供のはずなのに，多くのお母さん，お父さん方によくしてもらいました。授業参観の後，見た目の怖そうなお父さんに「うちの母ちゃんと息子が気に入っている担任ってどんなのか，顔を見に来た」と言われたこともあったなあ。こんな顔ですよ。

中３を卒業させた後，いきなり体をこわして入院したことがあったのですが，４月に退院してきたら，中３のクラスの保護者のみなさんが「退院おめでとうパーティー」を近所のレストランで開いてくださったこともありました。「先生，入院していた病院で，初恋の人と再会したらしいですね！」って違う違う。大学時代の後輩がいて，エレベーターでばったり。おっさんなのに「三好くん」だから「あっ！　みよちゃん！」って言ってしまって，エレベーター内が失笑……というだけの話だったのにー。

ひとことアドバイス

学級通信で生徒を紹介するためには，こちらがそれなりのエピソードやユニークな評価をもっていないと，ただ表面的な言葉でほめているだけというコーナーになるので要注意。表面的にほめられるって大人でも嫌ですもんね。

5 人は表現したい生き物である

❶ フリーで書く班ノート

大学時代，吹奏楽部の部室に「がらくたノート」なるものが置いてありました。何を書いてもよくて，暇な人が適当に書いて，暇な人が読むのですが，「へえ，先輩こんなこと考えてるのか！」みたいなことがいっぱいあって，とても楽しみでした。部活自体の内容はもちろん，おいしい食堂の情報から『源氏物語』の話まで。１年間でノート２～３冊くらいのペースだったと思います。書くことでお互いを知るっていつの時代でもありますよね。

その原点は中学生の頃。我がクラスでは「班ノート」なるものが回覧されていました。小さなノートが班に１冊与えられて，交替で家に持って帰って自由に文章を書き，それを次の日の朝担任に出して，担任がひとこと返事を書いて返すというもの。１班が６～７人だから，１週間に１回くらいは回ってくる計算になるのですが，たいてい止める子（家にノートを持って帰ったままいつまでも書いてこないやつ）がいるので，回ってくるのは２週間に１回くらい。私の２歳下の妹は，なかなか書かないタイプだったので，止めたら他の人が迷惑すると思い，私が代わりに書いていました。そのことで，妹のクラスの子から「いつもお姉さんの班ノートを楽しみにしています」という年賀状をもらったこともありました。

この「班ノート」が私はとても楽しみでした。書くのも読むのも。そして，先生の返事も。

❷ 先生のお返事

先生の返事で，今でも画像としてはっきり覚えているのは，私が体育委員長の市原くんに頼まれて，球技大会のソフトボールで使うベースをつくった時の班ノート。数がたりなくて，ベースの形に切った段ボールに白布をかぶせて，最後に縫って仕上げるという……。友達のよしみで急に頼んでくるから，球技大会の日に間に合わせるため，私は深夜２時とか３時まで針仕事をしていました。その時思わず指を突き刺してしまい，とほほ。血が出た～。 班ノートにそのイラストを描いて「これが本当の『流血の惨事（３時)』」と書いたら，担任の先生が丁寧にイラストの指のところを赤くぬって返してくださって，今でも妙にその「細かい返し」が心に残っているのです。先生も楽しんで読んでいる感じが伝わるというか。

指先が全部
赤ペンで塗って
ありました。

以前，同僚が「うちの子が宿題の絵日記に『きのうは，いなかのおばあちゃんの家で，みそづくりをしました』って書いたのに，担任の先生の返事が『それはよかったね』だったんだよねー。忙しいのはわかるけど，もうちょっとなんか書くことがあるんじゃない？」と言っていたことがありました。いつも「それはよかったね」系の返事だと，生徒はだんだん書かなくなります。 私も自分のクラスで班ノートをしていたことがありましたが，後述する「お題日記」と班ノートの返事，どっちも書くというのはものすごく時間がかかって，返事を書くのを楽しみにできないようではダメだな，と思って班ノートの方はやめました。ただ，「人の書いた文章が読める」という班ノートの長所を生かすためにも「お題日記」を学級通信で紹介することが大切です。「お題日記」と学級通信の関係性についてはまた後で。

ひとことアドバイス

生徒が書いた文章に対して，何か返事を書く時には，自分も読むのが楽しいと思わなければ，「それはよかったね」系の返事になりがちです。どうしても「これにどう返事を書けばいいの？」と思う時には，内容に対して質問をしてみるのもいいかも。

❸ 班ノートだとこんなやりとりになる

班ノートの実例を紹介します。班ノートは人の書いた文章を読めるからいいと書きましたが，話題が全然つながっていない班ノートになる場合もあります。別にテーマを決めて書くためのものではないので，それでもいいんだけど，「本当に前の人の文章，読んだ？　何かその話題についてコメントを書きたくならないのかな？」と思うと，ちょっと残念。

次に紹介するのは，コミュニケーション度ナンバーワンの班ノートです。

俺は，小学生の時ずっと「仮面ライダー」を見てました。今も見てます。木ノ下ならおもしろさをわかってくれるはず。今は「オーズ」っていう，人の欲望をテーマにした仮面ライダーですが，２つ前に「ディケイド」という，今までの平成仮面ライダーの世界を旅していく，というやつがあったんですけど，第一印象「ダサッ！」って感じでした。正直，今まで平成仮面ライダーを見ていて，こんなにショックだったのは初めてじゃないかってぐらいでした。んで，すべての仮面ライダーには最終形態ってのがあるんですが，それがディケイドにもあって，能力はすごいけど，見た目がハンパなくダサかったです。この特撮，なぜかテレビで完結せず「映画で完結！」的なやつで，まじか！　金とるんか！　とか思いながら，中１の時，仮面ライダー好きな友達と２人で，ウキウキ見に行きました。すっきり。　（高野）

僕は５歳ぐらいから今に至るまで，ずっと「仮面ライダー」を見てきた男です。１話だって見逃したことはないです。本当です。僕に「仮面ライダー」を語らせると，ものすごく長くなりますよ。マジで。高野の話と少しかぶるかもしれませんが，ご了承ください。一番好きだったのは「アギト」ですね。そして一番ダサいな，と思ったのは「ディケイド」です。あれはダメだ。クオリティが低すぎる。なによりキャストがダサい！　主人公の演技の下手さといったらもう。おそらく10周年だからって，気を抜きすぎていたんでしょう。……とか言いつつ，結局最後まで見たんですけどね。まあ，仮面ライダーにそこまで求めちゃいけないという，いい教訓になりました。話は戻りますが，「アギト」について。当時の僕は，異常なほど「アギト」にはまっており，ショーにも行きました。その時のエピソードです。そのショーは屋外でやっていました。僕は「アギト」の変身ベルトやら剣やら，なりきりスーツやらを身にまとい，上から下まで「アギト」になりきりまくって，そのショーに行ったわけです。すると，ショーの中で次々と子供が怪人にさらわれてしまったのです。その中のひとりが僕です。そしてステージに上げられ，怪人にこう言われたのでした。「俺たち怪人と，アギト，どっちが好き？」ステージの上には怪人と子供だけ。そこはみんな空気を読んで「怪人！」と答えてました。しかし，空気を読まなかった子がいた！そう，僕です。「アギト！」って答えましたよ。正直に。そしたら怪人は，なんか「タイムレンジャー」のグッズを僕だけにくれました。やっぱ正直者が得をしますね。　(木ノ下)

　私は，仮面ライダーといえば，なんといっても「仮面ライダー２号」です（マイナーだ……)。俳優の佐々木剛が好きだったからです。(水登)

ひとことアドバイス

　私，虫が好きじゃないので，バッタ感のある仮面ライダーはいまひとつでしたね。生徒と仮面ライダーの話をすると，驚きがいっぱい。「え，ＵＳＢで変身するの？」「ええっ，電車に乗ってるの？」もはやライダーじゃないじゃん。でも怖いもの見たさでつい見ました。

6 「毎日の連絡帳」的なもの

❶ 連絡帳の日記コーナーを使わない理由

「あゆみ」「ライフ」……名前はいろいろつけられていますが，たいていの中学生には，毎日の連絡を書くためのノートがあります。一般の人は「そんなのメモ帳に書けばいいんじゃないの？」と思うでしょうが，「そのメモ帳自体をなくす」というのが中学生にはよくある話です。だから，ノートサイズの連絡帳があった方が便利といえば便利。大人にあてはめると，少し大きめの見開きで１週間分の手帳のようなものです。それには，宿題や持参物を書くスペースの他に，数行ほどの日記を書く欄がついています。４月の担任は，空き時間大忙し！　なぜならみんな毎朝そのノートを提出してきて，それぞれに数行ずつ日記や質問が書いてあるからです（中には保護者からの質問が書いてある場合も）。空き時間は教材研究や授業準備，宿題の点検や集めたプリントの整理などもあるから，１日に１時間しか空き時間がなかったりすると，昼食を抜いて返事を書いている担任もいるほどです。

ところが，夏が過ぎ，秋頃になると，連絡帳を集めるためのかごがスカスカになっているクラスをよく見かけます。生徒は日記の欄を書いていないので，担任に出さなくなるからです。それでも，宿題や持参物をきちんと書いて有効利用している生徒はまだマシ。それ自体持ってこない生徒さえ出てきます（当然忘れ物が増える）。持ってきていないものは，提出させるわけにもいかないし……結局，最後３月までそれを提出し続けるのは，数名の几帳面で優秀な生徒ということになり，肝心の「心配な子」「あまり自分を出さない子」の気持ちを知る手がかりにはならなくなります。

❷「別になし」を阻止するためには

もちろん世の中には，この連絡帳を学年の最後まで，ほぼ全員に提出させることのできる先生もいらっしゃいます。私も今までに数名知っていますが，大ざっぱな私は，連絡帳の日記をほぼ全員に提出させ続けるのは無理！……と，20代の早い時点で判断しました。家に持って帰るものだから，「持ってきていません」という事態になるのであって，それなら学校で書かせればよい。そう考えた私は，終学活にＢ６サイズの紙を配って日記を書かせることにしました。

最初は「心のノート」とかいう題をつけて（あらまー。偶然），フリーで文章を書かせていました。けれども，「今日の出来事の中で印象的なことを書きましょう」といっても，そんなに毎日すごいことが起こるわけがありません。すると「別になし」「今日も真面目にそうじをした」しか書かなくなります。だって，行事の日以外，たいていの中学生は「今日も同じ１日」です。しかも「好きな人に話しかけられてうれしい！」みたいなことはここには書けないし……。私は個人的に毎日３行の日記をつけていますが，人に見せられるようなことは何ひとつ書いてないです。

中学生になって最初の家庭訪問で，先生を次の家に案内していた時「学校はおもしろいか？」と聞かれて，「なんだ？　その漠然とした質問は？」とガックリした覚えがあります。でもいちいち説明したくないので，優等生の私は笑顔で「はい，おもしろいです」と答えておきました。……そんな感じ。

ひとことアドバイス

よく「先生，先生」と積極的に話しかけてくる生徒たちがいます。そういう生徒が周りを囲んでいるから，話したくても話せない生徒もいます。でも，日記があれば，先生とは１日に１回，必ず「お話」ができます。生徒との会話は，音声言語じゃなくてもいいんです。

7 フリー時々「お題」からのスタート

❶ フリーだとこうなる

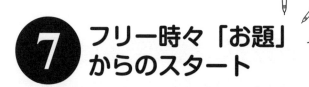

さっき，昔の学級通信の原稿を探すために，部屋の大そうじをしました。すごく昔のが見つからない……。かろうじて発見されたのが1996年の学級通信。20年ほど前か。１年生で，５月２日に「心のノート特集」なる第５号を出しています。つまり，まだ内容についてはフリーの時が多かったということです。

> もう入学して１か月近くになるなあ～。それで，お弁当も何度も何度も学校で食べて，けっこう慣れたかなあ～。でも，お弁当をつくってくれるお母さんが，だんだん手抜きをしているような……。最初はけっこうおいしーものばかりだったのに。

> 今日，職員室のそうじだった。いつもは三木先生に「ここ，はいてー！」とかいろいろ言われるのに，今日は１回も言われなかった。それがとてもうれしかった。明日はもっとガンバルぞ！

> 先生!!　先生って，連休どっか行くの？　私は長野に行ってきまあ～す。明日の８：00出発のバスに乗って行くのでありま～す。

今日の５時間目のゲームがおもしろかった。あんなゲームをしたのは初めてだったから，よけいおもしろかった。心の天気はハレだけど，ただくもりの絵がかきたかったから，かいただけ。今日はいい日だった。

先生，今日の５時間目にしたゲーム，すごい楽しかった！　先生っておもしろい。いっぱい楽しいことをして私たちを喜ばせてね。えっと，次はぜったい１位の班になるゾ！

なんか，かわいい。今の生徒，けっこう大人で「私たちを喜ばせてね」とか言わないですから。あー，でも去年のクラスでアイドルグループに入れてもらって「会員証」に「センター・のぶっちー」って書いてありました。

で，そんな中，次のような日記が。

クラブがある。超ラッキー。まいにちあればっ！

たぶんこの子は，あまり活発に活動していない部活に入っていて，それを書いたのだと思うのですが，それを読んで，「あ，１年生もそろそろ，それぞれの部活でいろいろ考え始める時期なんだな」と気づいたのです。それで，次の週の第６号は「今，１年生の話題といえば　ＣＬＵＢ」という通信になっています。つまり「今，クラブで何してる？」という「お題」を出して書かせたということです。お題日記の始まりです。

ひとことアドバイス

終学活で書かせる日記は，最初は「フリー，時々お題」だったのを思い出しました。よりよい形に変化していくきっかけは，生徒がくれるんですね。「まいにちあればっ！」の小さい「っ」に惹かれたのだと思います。

8 「お題日記」と「学級通信」の関係性

❶ 共通のテーマで知らない世界を知る

学級通信って，日本中でどのくらいの先生が，どのくらいの割合で出しているのでしょうか。そして，どのような内容が主流なんでしょうか。学校によっては，足並みがそろわないから出してはいけないところもあると聞きます。よく見るのは，４月に２号くらい出して終わり……というパターン。しょうがないよね。忙しいもの。できるだけがんばろう。

でも，そろそろ学級通信を出さないと，保護者が待っていると思うんだけど，ネタがない～……と思うことはありませんか？　そんな時，「お題日記」があれば，ネタ切れ知らずです。

私は，１つのテーマについてみんながしゃべるのも好きだし，ラジオなどの投稿メールを聞くのも好きです。テレビで言えば，ＮＨＫの「あなたが主役50ボイス」という番組。１つのテーマでいろいろな市井の人のインタビューが聞けるのですが，笑う内容がほとんどの中に，みんないろいろ悩んだりしながらがんばってるんだな……と思って感動するものさえあります。「お題日記」の内容を学級通信に載せるというのは，そういうことです。

「お題日記」を生徒が書いて，先生が読み，返事を書くだけでは，先生と生徒の対話にすぎません。それを学級通信で紹介し，読んでクラスや家庭に話の輪が広がっていくところに大きな意味があります。たとえば「部活で今，何してる？」というお題は，部活動を紹介するのではなく，そういうことをやっている「自分」を紹介し，互いに読み合い，友達の別の面を知るのが目的なのです。

❷ よその子のレベルにびっくり！

部活動関係のお題では，練習の内容の他にも「うちの部の先輩ったら」というのもあります。普段文章を書くのがあまり得意じゃなくても，必ず書けるテーマを入れるのがコツ。「書いたものが学級通信に載った！」という事実は，次への意欲を生みます。「○○先輩は，フラれた彼女にまだ未練があるらしく，体育館で見かけるたびに『かわいいのー』と言ってきてうるさい」「○○先輩は，宿題と追試の居残りで，部活でほとんど見たことがない」などなど，文章を書くのが苦手な生徒でも，まぬけな先輩をネタにすれば，いくらでも書くことはあるのです。家で学級通信を見せる時「今回は自分のが載ってる」と保護者に自慢する生徒は多いようです。中には，載ったら母さんにお菓子を買ってもらえるという生徒もいました（ねらってもダメだけどね）。「よその子はなんて目のつけどころがおもしろいんでしょう！」「よその子はなんて文章がうまいんでしょう！」という感想が三者懇談会でよく出ます。もちろんそれで我が子を責めるというわけではなく（ちょっとがっかりする人もいるけど），「こんな集団の中で一緒に伸びていけばいいなあ……」という保護者のあたたかい期待を感じます。

もちろん，道徳をはじめとした学習の成果を学級通信に載せていくのでもよいのですが，「お題日記」という日常生活のいろいろなことに対する文章が載っている学級通信には，中学生のさまざまな側面が見えて，保護者にとって，より興味のわく内容になること，間違いなしです。

ひとことアドバイス

こうして「お題日記」は始まったのですが，残念なことにクラスが終わる時，本人に返すので，手許には残っていません。卒業生のお母さんが「息子が持って帰った日記を見て，先生が生徒の気持ちがわかるっていう原因がわかりましたよ」と言ってくださいました。

COLUMN

○○と私

さて，ここからの扉前ページでは「○○と私」というテーマで，行事と自分のかかわりについて書いていこうと思います。行事の時だけは学級通信を書くという先生もおられるだろうし。

行事……確かにめんどくさい。体力も時間も使うし，生徒が思い通りに動くわけじゃないし。特に「合唱祭が一番嫌」という先生が多いかなあ。勝ち負けが問題じゃないといっても，負けるとへこむしね。でも，生徒に生きる力をつける機会を与えられるチャンスが多いのも行事だと思いませんか。

学校の中には，行事で生徒を変えていくのがうまい先生がいらっしゃるはずです。若いうちはその人たちのやり方をよく見て，マネして失敗して（何かが絶対違うから失敗するのはしかたない）をくり返すうちに，できるようになります。行事で先生がどう動くか，生徒はよく見ていますよー。

まだ私が20代の頃の話ですが，生徒が「先生たちのモノマネコント」みたいなのをやったことがあって，私の役をやった生徒のセリフが「行事では手を抜きません！」だったのです。あ，そうなんだ。生徒にそう思われてるんだ……。もう，がんばるしかないっす。

第2章
「お題日記」を始めてみよう

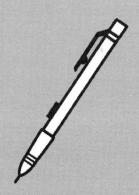

―「お題日記」のやり方はコレだ!!―

◎準備するもの

B6サイズで下のような用紙を印刷します。

1冊100円しないくらい。出入りの文房具業者さんに頼んで持って来てもらいます。

B6サイズの紙ファイル。中に、2穴止められるようなプラスチックの止め具がついています。私は、上側に止め具がついているのを使っています。色は好きなのを。

パンチで穴を。

生徒がその日の気分を。☺とか☁とか。

黒板に書かれたテーマを写してから始めます。

罫は、1cm幅で6行分くらい。

担任の顔を。

それぞれのペースで書いていくのがポイント。待っている間にプリントの整理をしたり、英語の1日1Pをしたり…。出しに来る途中に見せ合ったりもしています。緊張感ゼロです。

◎手順

うちのクラスの終学活はこんな感じで進めます。

① 明日の時間割と教科のお知らせを、係が、黒板に書く。

② それと同時に、配布係がプリント類と、日記のファイル、用紙を配る。(この時、担任が黒板にテーマを書く。)

③ みんなはまず、教科の宿題や持参物を連絡ノートに写し、「お題日記」にとりかかる。

④ 「お題日記」が書けたら、紙ファイルに綴じて、教卓の上のカゴに出しに来る。

⑤ みんなが出したのを見計らって、司会者は「係や委員からのお知らせはありませんか?」と、先に進めていく。

「お題」はこんな感じで思い浮かぶ!!
宿題は、早く終わらせる派？追い込み派？
「夏休みの自習室」
うちの学校はクーラーがあるからまだマシよねー。
みんな家ではどんな暑さ対策をしてるんだろう？
あ～…今日も部活でグラウンドに出たら、直射日光かあ。
「夏の部活」ここが苦しい！
最強のスポドリはこれだ！
陸上部のドリンクにアリが来るのがイヤ。
夏の虫との戦い
みんな、コンビニスイーツ何が好きなんだろう？
○ーソンで売ってる「サクレ」がおいしい。
アイス食べたい。
昔、家でかき氷したなあ…。
みんな、「夏の食べ物」といえば何がNo.1なんだろう？
あっつ～！
泳ぎたい。
みんな、どこへ泳ぎに行くんだろう？
「プールの思い出」「海の思い出」
小学校のプールにバイトで来ていた監視員のお兄さん、かっこよかったなあ。
「身近なアイドル」「町の人気者」
連想ゲーム方式ですね。

1 Ｂ６サイズの用紙を使う理由

① ファイルをプレゼント

第２章の最初で紹介したように，「お題日記」はＢ６サイズの用紙に書いていきます。お題日記用紙には，上にパンチで穴をあけておきます。学級が始まる時には，それを綴じられる紙製のファイルを用意して，表紙に一人一人の名前を書いてあげるのが，私特有のサービス。なんか，生徒の名前をファイルに書いてずらっとそろえるのが好きだからやっているだけです。

「お題日記」は，学年全部でやったりするわけではないので（国語教師として言わせてもらうと，学年全部でやったら全体の「書く力」が上がるんだけどなあ），どうしてもファイルのお金は自腹になってしまいますが，まあそんなに高いものでもないので，これは生徒へのプレゼントと思ってやっています。こういうのが予算化できる学校はそうしたらいいと思います。

ファイルの表紙に何か絵を描きたいとか，写真を貼りたいとかいう希望が出ればそうしてもいいと思います。ただ，１年間は家に持って帰らないので，絵を描いたりする暇はないと思うけど。けっこうみんな大切にするので，落書きはしないと思います。記憶にあるのは，カープの選手の写真を貼っていた子がいたくらいかな（本校では，毎日の学習時間調査の台紙には，好きな絵や写真を貼って，やる気を出そうということになっています）。

書く時間は15分の終学活の中の５分程度。

うちのクラスの終学活の流れは，まず司会者が前に出て挨拶をし，教科の係がサイド黒板に明日の持参物や宿題を書き，同時にＢＯＸ係が配布物と日記を配り（ファイルを配る人と，用紙を配る人がいます），その間に私が黒板に「今日のテーマ」を書きます。生徒は宿題などを連絡帳に写したら，日記を書き始め，書けたらその用紙をファイルに綴じて，「日記かご（40冊くらい入れられるものを100円ショップで購入。Ｂ６サイズだからそんなに大きなものではありません)」に入れるというシステムです。

❷「月日」は必ず書く（一応日記なので）

月日を書くのはとても大切。生徒は自分が前に書いたのを，けっこう何度も見返しています。月日が書いてあれば，「ああ，あの頃にはこんなことを考えていたのか」とわかっていろいろ便利です。日記というのは，落ち込んだ時に，自分の過去を振り返ってはい上がる道具にもなるのです。

右上には「心の天気は？」のコーナーがあります。そこには，太陽の絵や雨降りの絵を描いてもいいし，言葉で書いてもいいのです。たいていの生徒は太陽のマークを描いていますが，たまに土砂降りの絵や，雷の絵が描いてある時もあって「あー，なんか今日は嫌なことがあったんだなあ」と知ることができます。

もちろん嫌なことがあっても，なんとなく太陽の絵を描く子もいれば，あえて太陽の絵を描く子もいます。それから，第１章で紹介したものにあったように「雲の絵を描きたかったから描いただけです」みたいなのもあります。

でも，毎日雨の絵だと，ちょっと気になるので，横の方に「あら？」などと書いてみます。それをきっかけに「実は……」となって放課後相談にのることもあるし，ただ先生に知ってもらいたいだけかもしれません。私たちだって，嫌なことがあった時，内容は言わないけど誰かに「ひーん」とか「もう！」って言いたいこともありますよね。

ひとことアドバイス

日記欄のついた連絡帳があるわけですから，学年全体で取り組む必要はないと思います。この方法で生徒とつながりたいと思う人がやればいいと。ただ，新採用で私の副担任についた男の先生２人は，その後自分のクラスをもった時に，この方法を使ってくれました。

2 ノートではなぜダメなのか

❶ 広いスペースはげんなり

いちいち日記の用紙を印刷して，ファイルに綴じるのならば，最初からＢ６サイズのノートを用意して（ノートというか，メモ帳というか），毎日それに書けばいいと思われるでしょうが，なんか違うんですよねー。ノートではダメなのです。

まずノートには，書くスペースがいっぱいあるから，「こんなに書かないといけないのか？」とげんなりしてしまう。広いスペースに少しだけ書くというのは，なかなか難しいものです。もちろん，「心の天気」のためのコーナーもない。それも適当に右上の方に描けばいいと思われるかもしれないけれど，１回忘れると，それから描かなくなるような気がします。

それから，この「用紙を１枚１枚綴じていく方式」だと，どんどん増えていく感じがうれしいですが，Ｂ６ノートは最初から真っ白な紙がいっぱいあるので，それがない。ノート類でうれしいのは「１冊終わった！　そして２冊目に突入だ！」という時ですよね。高校時代，数学だけは毎日やろうと決めていて，自主勉強ノートがどんどん終わっていくのがうれしかった，あの感じです。でも，お題日記はそんなに何冊も何冊も終わっていくものではないので，ノートよりは用紙を綴じていく方が書く気が出ます。

また，ノートは表裏に書くので，下敷きを使わないと汚れたりするけど，終学活の５分で下敷きを出すのはめんどくさい。その点用紙は表だけなので，大丈夫です。

❷ 必要なのは「あたたかみ」

そしてなにより，市販のノートでは，あたたかみが出ない。手書きで「今日のテーマは」とか「お返事」とか書いてあったり，イラストがあったりするからよいのだと思うのです。私には手書きにこだわっているものが３つあって，１つは国語で使っている授業プリント（これをいろんな学校の先生に求められるままにあげていたら「塾で他の学校の子が，先生のプリントを持ってた！」ということがありました)。ただし，みんなの意見をまとめる時だけはパソコンを使いますが。

次に学級通信。これは絶対！　学年通信も書かなければならない時は，そっちをパソコンにして差別化をはかります。

そしてこの「お題日記」。いや，ちゃんとした字も書けるんですよー。一応大人だし，国語の教員だし。だけど，プリントはずっとこの字にしています。私は手書きのものがやっぱり好きです。大学の時，読みやすい個性的な字でレイアウトも工夫された院生のレポートを見て，ものすごくあこがれました。宝物をもらった気がして。

ひとことアドバイス

就職して数年たってワープロが発売された時には「ふん！　必要ないもんね」と思って買いませんでしたが，パソコンの便利さにはすぐ負けました。手書きにはこだわっていますが，そうでないものをパソコンで打つのはけっこう速いのが自慢です。ピアノを弾く感じで。

3 書かない子・書けない子には

❶ 複数の視点を与える

いました。どのクラスにも。まあ，全く書かない子はいなかったような気がするけれども，１～２行とか。たとえばお題が「犬」だったら「犬は嫌いです」，「考査の結果」だったら「まあまあでした」みたいな。

もしも，「お題日記」を書かない原因が「担任の先生とうまくいっていないから」だったら，日記うんぬんよりも，関係をなんとかする方が先ですが，そうではなく，「会話は普通にするのに，日記は書かない」というパターンにはいろいろな原因が考えられます。

まず，テーマについての視点が広がらない子の場合。「犬」と聞いて，「うちは犬は飼ってないから書くことがない」と思う生徒です。「うちは〇〇犬を飼っていて，かわいいです」みたいな内容を書かなければならないと決めてかかっているということです。そういう時には「えー？　うち，犬なんか飼ってないし……」とひとりごと（あるいは大きな声で文句）を言うでしょうから，みんなが書き始める前のワイワイしている時に，「もし飼うならどんな犬が理想かな？」「テレビのＣＭの犬をどう思う？」「私，昔，野良犬に追いかけられて怖かったんだよねー」「家庭訪問に行った時，話してるのに犬が背中に乗ったり走り回ったりしたなあ」などと，こっちも教室をぐるぐる歩きながら，ひとりごとを言って複数の視点を与えていきます。「考査の結果」なら，「ワースト３を書くのもいいね」「前より上がった教科の原因は？」などなど。まあこれは，国語の教員なら作文指導において誰でもやっていることで，視点を複数与えたり，書き出しのヒントを与えたりすると，書けるようになることが多いのです。

❷ 立派なことでなくてもいい

次に，意外なことですが，生徒はすごく立派なことを書かなければいけないと思っているから書けないという場合が多いのです。

これは，学級通信にいろいろなのを載せているうちに「こんなのでいいんだ」と気づいて書けるようになります。あるいは，みんなの日記は，かごに入れて教室に置いてあるので，パラパラといろんな人のを見せる。

ある生徒がみんなのを見て「えーっ，みんなこんなにいっぱい書いてるのか！」と驚いていたので「うん。いつも２行はあなただけですよー。２行の日記に返事を書くのは大変なんよ」と言ったら，次の日から増えました。この時は，「２行の日記に返事を書くのは大変」と，本人に直接言うという卑怯な手を使いましたが，本当は，返事のおもしろさにつられて，どんどん書く分量が増えていくというのが理想です。生徒の中に，私が返事を書くと，それに対する返事を欄外に書いてから今日のテーマの文章を書くという子がいますが，そうしたいような返事が書ければ，きっと「書けない生徒」も書くようになるはずです。

そうは言っても「これにどう返事を書けと？」と言いたくなるようなものもあるでしょう。でも，決して「もっとちゃんと書きましょう」などと書かないように。関係づくりのための手段が逆効果になってしまいます。その時は，返事コーナーに，自分の「お題日記」を書けばいいと思います。「傘」というお題に対して「傘なんてなんでもいい」と書いてあったら「私の傘は，広げたら内側に星座が広がるやつです。三瓶山で買いました。広げたら内側に晴れの空の絵が描いてあるのも持ってます。原宿で買いました。おほほ」

ひとことアドバイス

教育実習生が，国語の授業を見に来て「先生って，引き出しが多いですね」と言ってくれました。いろいろ興味があるのよ。文法の授業で，なぜかところてんの話になって「『心太』って書くんよ」と言って，生徒に「うわー，メモしとこ！」と言われました。

COLUMN

学級開きと私

この学校に来て一番驚いたのは，入学式にご両親そろって……どころか，祖父母も一緒に来られる家庭が多いことです。１年生の学級開きはもう，教室に入れない保護者が廊下にあふれています。中高一貫で，入学試験（名前は「適性検査」だけど。私，理科の問題はたぶん解けない……）を突破して入ってきたわけだし，学校に対する期待もひしひしと感じながらの学級開き。

配りものを説明するだけでけっこう時間がかかるのですが，やっぱりここは「笑ってもらう場面」をつくらないとね。自己紹介も普通にしてはおもしろくないのでいきなり「水登クイズ！（ぱふぱふ）さて，６問出すので配った紙に答えを書いてください。私の出身地はどこでしょう？」「私のコワイものは？」などと問題を出しつつ教室を回って「違うなあ」「するどい！」などと茶々を入れます。で，「１問目の答えをこの列の人，次々に言ってみてください。私のコワイものは？」「ゴキブリ」「雷」……と笑いが入りつつ順調に。「では最後の列。私の一番大切にしているものは？」「生徒です」「私も生徒だと思います」「僕も『生徒』って書きました」……全く違う答えを用意していたけど，「ですよねー」としか言えませんでした。すみません。

第3章
「お題日記」の「お題」を紹介！

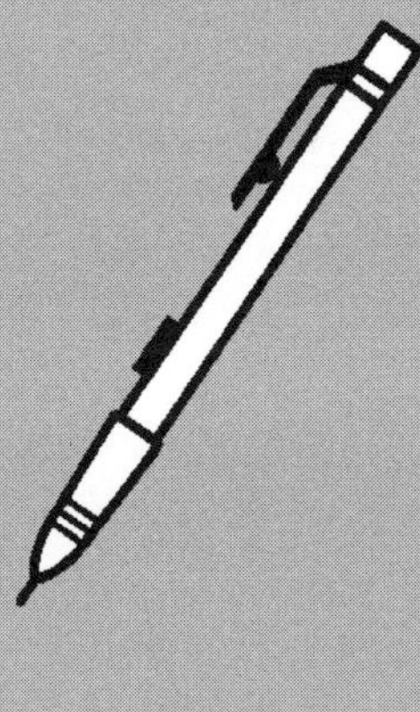

1 「お題」のいろいろ・その１
「行事」

　さて，その「お題」ですが，目的によっていくつかの種類に分けられます。ここからはそれを紹介していきましょう。

　まず鉄板ネタ「行事」。文化祭，体育祭，合唱祭，球技大会，卒業式……生徒にとって成長のきっかけともなる大イベントです。後でじっくり振り返らせることが必要な時もありますが，やはり「その日のことはその日に！　気持ちがあふれるままに書いて記録しておく」ということが大切です。

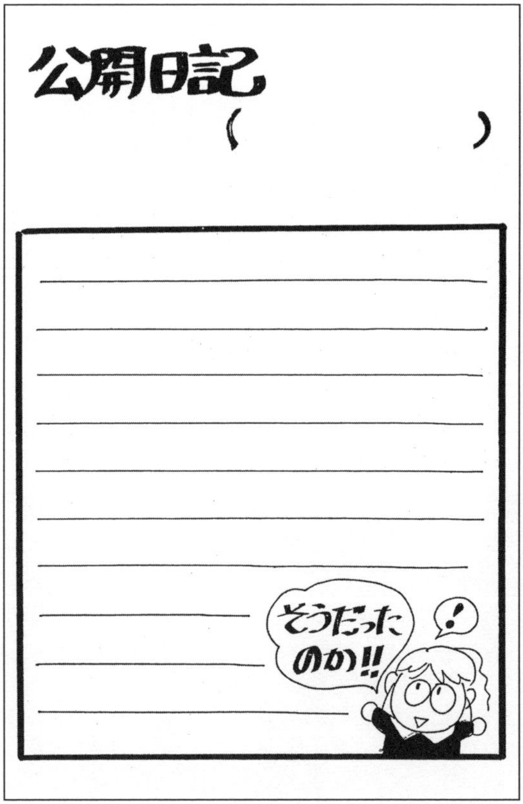

　行事の後の感想用紙が，単なる罫線だけのものだったりすると，なんかいいことを書かないといけないような気がして，率直な気持ちが書けない場合があるんですよね。その点「お題日記」は，いつもの延長だから大丈夫。「うぇーい！　やった！　勝った！」でもいいんです。どうせ先生の返事も「うぇーい！　１組サイコー！」くらいのもんだから。

　「先生の返事も」と書きましたが，行事の後の「お題日記」は，公開日記バージョンにするから，返事を書かないことが多いです。

❶ 公開日記バージョンとは？

公開日記バージョンの時は，特別感を出すためにパステルカラーの色上質紙で。それを，模造紙にすべて貼りつけて掲示します（このことは生徒に予告しておく）。お返事コーナーがない分，いつもより書く分量は多くなるのですが，行事の後はいっぱい書きたいのでそれでちょうどいい感じです。

教室の後ろに掲示しておけば，授業担当の先生が演習をさせている間，机間指導の合間に足を止めて読んで笑ったりすることができます。他学年や講師の先生方にも，自分のクラスの生徒を好きになってもらいたい！「授業ではほとんど活躍できていないあの子が，こんなことを考えているんですよー！　どうかごひいきに！」と宣伝することも，担任のお仕事のひとつだと思います。新人歌手を売り出すマネージャーだと思って。

廊下に掲示しておけば，懇談会の待ち時間に保護者が読むことで，学校の様子を知ってもらうこともできます。あるいは先輩が教室移動の時に読んでくれてもいいのです。たとえば合唱祭の取り組みで，他学年のクラス（いわゆる縦割り兄弟学級というやつですね。さらに「あの組はうまい！」という噂が広がると，「売れっ子クラス」になったりしますよね）と交流させてもらってお世話になった時など，一人一人の短い感想を色画用紙に貼りつけて，お礼がわりにプレゼントすることがあります。でも，特別にそういうことをしなくても，「先輩のおかげでがんばれた」みたいなのが混じっている「公開日記」が廊下に貼ってあると，みんなけっこうめざとく見つけて読んでいるものです（ついでに写真がちりばめられているとなおよし）。

ひとことアドバイス

勝負事の行事で，納得のいかない負け方をした時，反省しようがない時は，公開日記にしない方がいいと思います。普通の「お題日記」にして，返事はほとんど「私もほんとにくやしい！　キー‼」みたいな感じになりますけど。

【体育祭】

　やっぱ応援団っしょ！　筋肉痛になるのが当たり前くらいの練習したし，息をするのも難しいくらいキツイ「さらし」も巻いたし，めっちゃ暑い中，長袖長ズボンの団服も着た。でもそんな苦労なんて，カスと思うくらい楽しかった。応援団最高だったゼー？

　たれ幕！　自分の作品（と書いて息子（笑））が空高く昇ってくれたんで，安心でもうっ！　知り合いのお母さん方に「これかいたんだよね？」ってほめていただいてうれしかったです。恥ずかしかったけれどもね。

　ソーランの実行委員で下級生に教えるのが難しくて，ちゃんとやってくれない時はちきしょーって思いました。あっという間に終わってちょっとさみしくなったけど，団結できたし赤が勝ったのでいえーい！　でした。がんばったかいがありました。

　カカシづくりは初で見本なしだったので苦労しました。問題は顔！　勝手に先生たちの顔を使っちゃってすみません。「奥田先生の顔ってどんなだっけ？」と思って悩んでいたら「つり目」というヒントのおかげでアレに……。ごめんなさい。完成した時はとてもうれしかったです。

　夏休み中は通院で，最初みんなに遅れをとってとても迷惑をかけました。でも，その分家で妹と一緒に練習して取り戻しました。最高でした。

【球技大会】

僕はバスケでしたが，決勝で隣のクラスにＯＮＥシュートの差で負けちゃいました。ラスト10秒でせっかくボールがきたのに，プレッシャーに負けて横にパスしてしまいました。あれはどう考えても，僕がつっこむべきでした。でもすでに後の祭り。後悔先に立たずです。

ドッジボール，勝ちましたね。もう，よゆーで勝ちましたよ。でも俺だけだったら勝てんかった。女子も男子の球をとってくれたし，女とは思えない形相で男子に当てたりして。この優勝はみんなでとったんだと思います。女子に感謝です。

サッカーで，残念ながら決勝トーナメント１回戦敗退でした。自分はキーパーをやってたんですけど，松川君が２点入れてくれたのに，自分のミスで３点目が入ってしまって，本当に戦犯のような気持ちです。

私は前日くらいから「どうせ役に立たないんだろうな……」と思っていたけど，役に立つとか立たないとかじゃなくて，「ナイス！」って言ってもらえて，とてもうれしくて，サッカーが好きになれました。

バレーは私たち以外，全チームバレー部がいて強敵ばかり。でも，先生にアドバイスをもらったり，少しの合間にもみんなで練習したり，珍プレーや災難で笑ったりして，なんか「青春」って感じでした。

2 「お題」のいろいろ・その2 「考査」

❶ 試験勉強中の心の叫び（?）を書く

必勝
テストの勉強…
叫びたい気持ちを
「お題日記」に!

本校では年に4回の定期考査があります。これまた生徒にとっては大きな「非日常」です。2週間前くらいから試験範囲が発表になり，学習計画表が配られて，いつもの学習時間調査とはちょっと違うパターンになります（毎日，ちょっとした反省というかグチを書くコーナーがあるものに変わるのです）。私は毎日それを提出したかどうかを，星を描き込んでいく一覧表にして教室に掲示しています。一覧表の名前は「ひろのり」「みほ」のようにしていて，よく忘れる生徒に「さすが個人情報に気をつかってますねー」とほめられました。そんなことに気づく余裕があったら毎日出せ！　1週間前から部活動がなくなり，本番があって，テスト返却……と，2週間近くそれに振り回されるわけですから，ここの心の動きを記録しない手はありません。でも，これを学級通信にして配ると，家で「こんなに苦しんでがんばってるのね，えらいねー」と言われる生徒と「あんた！みんなこんなにがんばってるのに！」みたいになってエライ目にあう生徒がいて，悲喜こもごもになります。

考査にからんで，ある生徒の学習計画表の「反省・グチコーナー」だけをまとめて取り上げた学級通信があったので，それを紹介しておきましょう。陸上部の顧問として，試合の合間にスタジアムで試験勉強をしろという私に「無理ですよ……」と書いていた（でも勉強していた）齊藤君。そして私の返事は「東北大学に行った先輩は，雨のスタジアムで傘をさして物理の勉強やっとったもん」です。いやー，すごい先輩をもつと大変だね。

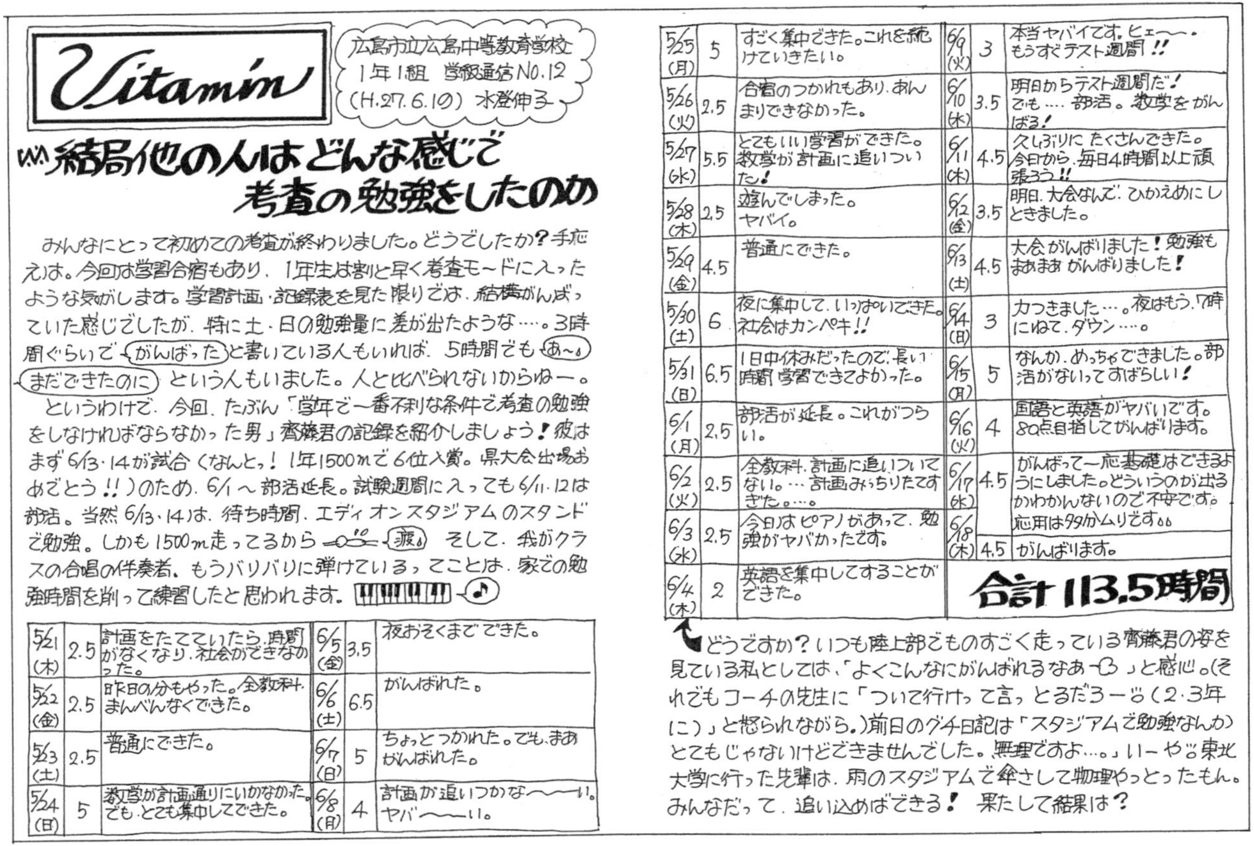

Vitamin

広島市立広島中等教育学校
1年1組 学級通信 No.12
(H.27.6.10) 水登伸子

結局他の人はどんな感じで考査の勉強をしたのか

みんなにとって初めての考査が終わりました。どうでしたか？手応えは。今回は学習合宿もあり、1年生は割と早く考査モードに入ったような気がします。学習計画・記録表を見た限りでは、結構がんばっていた感じでしたが、特に土・日の勉強量に差が出たような….。3時間ぐらいで（がんばった）と書いている人もいれば、5時間でも（あ～。まだできたのに）という人もいました。人と比べられないからねー。

というわけで、今回、たぶん「学年で一番不利な条件で考査の勉強をしなければならなかった男」齋藤君の記録を紹介しましょう！彼はまず6/13・14が試合（なんと！1年1500mで6位入賞。県大会出場おめでとう!!）のため、6/1～部活延長。試験週間に入っても6/11・12は部活。当然6/13・14は、待ち時間、エディオンスタジアムのスタンドで勉強。しかも1500m走ってるから（涙）そして、我がクラスの合唱の伴奏者。もうバリバリに弾けているってことは、家での勉強時間を削って練習したと思われます。♪

5/21(木)	2.5	計画をたてていたら、時間がなくなり、社会ができなかった。
5/22(金)	2.5	昨日の分もやった。全教科まんべんなくできた。
5/23(土)	2.5	普通にできた。
5/24(日)	5	数学が計画通りにいかなかった。でも、とても集中してできた。
5/25(月)	5	すごく集中できた。これを続けていきたい。
5/26(火)	2.5	合宿のつかれもあり、あんまりできなかった。
5/27(水)	5.5	とてもいい学習ができた。数学が計画に追いついた！
5/28(木)	2.5	遊んでしまった。ヤバイ。
5/29(金)	4.5	普通にできた。
5/30(土)	6	夜に集中して、いっぱいできた。社会はカンペキ!!
5/31(日)	6.5	1日中休みだったので、長い時間学習できてよかった。
6/1(月)	2.5	部活が延長。これがつらい。
6/2(火)	2.5	全教科、計画に追いついていない。…計画みっちりたてすぎた。…。
6/3(水)	2.5	今日はピアノがあって、勉強がヤバかったです。
6/4(木)	2	英語を集中してすることができた。
6/5(金)	3.5	夜おそくまでできた。
6/6(土)	6.5	がんばれた。
6/7(日)	5	ちょっとつかれた。でも、まあがんばれた。
6/8(月)	4	計画が追いつかなーーい。ヤバーーい。
6/9(火)	3	本当ヤバイです。ヒェ～。もうすぐテスト週間!!
6/10(水)	3.5	明日からテスト週間だ！でも….部活。数学をがんばる！
6/11(木)	4.5	久しぶりにたくさんできた。今日から、毎日4時間以上頑張ろう!!
6/12(金)	3.5	明日、大会なんで、ひかえめにしときました。
6/13(土)	4.5	大会がんばりました！勉強もまあまあがんばりました！
6/14(日)	3	力つきました…。夜はもう、7時にねて、ダウン…。
6/15(月)	5	なんか、めっちゃできました。部活がないってすばらしい！
6/16(火)	4	国語と英語がヤバいです。80点目指してがんばります。
6/17(水)	4.5	がんばって一応基礎はできるようにしました。どういうのが出るかわかんないので不安です。応用はタタかムリです。。
6/18(木)	4.5	がんばります。

合計 113.5時間

どうですか？いつも陸上部でものすごく走っている齋藤君の姿を見ている私としては、「よくこんなにがんばれるなあー」と感心。（それでもコーチの先生に「ついて行けって言うとるだろーが（2・3年に）」と怒られながら。）前日のグチ日記は「スタジアムで勉強なんかとてもじゃないけどできませんでした。無理ですよ…。」いーや、東北大学に行った先輩は、雨のスタジアムで傘さして物理やっとったもん。みんなだって、追い込めばできる！ 果たして結果は？

【1年生・考査前（10月）】

全然できていなーい？　計画をぎゅうぎゅうにつめ込んでいたせいで，ピンチですっ！　これから，すっごくがんばって覚えなければっ!!

僕は試験勉強が嫌いです。なぜなら毎日「あー，もうちょっとで試験だー（泣）」と思いながら勉強しないといけないからです（泣）

大変だけど，学校が早く終わるので，早く勉強できます。でも一番嫌なのは，親が厳しいこと。もっと尾木ママみたいに優しくなれないの!!ほめて伸ばすことを考えなさい！

テスト週間に入って早く帰ると小学生を見かけます。「小学生って，テスト週間がないんだな」と思うと勉強する気がなくなってしまいます。

【考査後】

後期からは，勉強法を変えたいです。今までは考査前に必死で勉強をしていましたが，後期からは常に復習をしていきたいです。今回のテストをもう一度やり直して，次にやる時は100点をとりたいです！

今回は部活欠乏症になったので，次のテスト週間まで部活に力をつぎ込んで，欠乏症で勉強に集中できないことがないようにしたいです。

【1年生・考査前（2月)】

今までの集大成です。なんと昨日までに80時間も勉強しています。
第２回の考査の時は，美術，保健体育，家庭科があまり勉強できなかったのですが，今回は違います。今度こそ目標達成！

一番勉強しました！　数学でザックザック点数をかせいで，苦手教科をカバーするという作戦です。社会・理科という強敵に立ち向かえるかどうか心配ですが，今もっている力をふりしぼって明日に挑みたいです。よし！　こい！　考査～!!

初めは「もうムリじゃーん」と思っていたけど，課題を始めると，あら！　ビックリ！　「これって勉強すれば，イケそうじゃーん」ってなって，なんで最初から，ちゃんと取り組んでなかったんじゃろー？　っていう後悔で，今いっぱいです。

【考査後】

やっと終わったーって思います。部活がめずらしく，土日とも休みなので，今まで録画してきたテレビ（特に嵐）を見ながらくつろぎます！

「今度こそは！」って思って４回目。今回は，勉強している途中に「２年生からは！」ってなってしまいました。２年生になったら「今度こそは！」はもうやめようと思っているけど……。

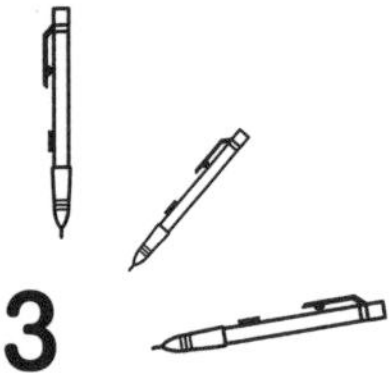

3 「お題」のいろいろ・その3 「授業に関連して」

❶ 授業はネタの宝庫

お昼ごはんを食べるために教室に行くと，４時間目の板書が残っている場合があります。「へえー，社会科は今こんなところを習っているのか」と知って，ちょっと話が盛り上がることも。「次からは歴史に変わるんですよ」「へえ。地理より歴史の方が好きだった気がする」などと言いながら。

この前，３年生に辛亥革命の話から発展して，「まあ，この後，蔣介石が台湾に逃げて台湾が中華民国になるんだけどね」と言ったら，生徒が「先生，なんでも教えられますねー」と言うので，「いや，蔣介石って，私が子供の頃まだ生きていて，よくニュースで名前を聞いたから」と答えると生徒はびっくり。「先生！　どんだけ生きてるんですかっ？」ふん。そんなの，ついこのあいだのことじゃん。まあ，生徒にとって昭和はもう歴史の一部。「先生が生まれたのは，戦争より後なんですか？」と聞かれるのも，もう慣れました。そして「タイムスリップするなら昭和に行ってみたい」だと？　タイムマシンがもったいないじゃないか！　そんなところにも「お題」のヒントは転がっています。

社会科関連【タイムスリップするならいつの時代に行ってみたい？】

> 昭和の，母が子供の頃に行ってみたいです。そしていつも自分に「勉強しろ！」と言う母が，本当に勉強していたかを調べたいです。

明治時代に行きたいです。文明開化といえばドレス！　人生で２回しか着たことのないドレスは，私にとってあこがれなので，毎日着られる時代に行きたいです。

家庭科関連【調理実習】

私の班は，見た目がいつも悪いけど，味はおいしいです。今日は肉まんを包むのに，春雨を切らなかったので髪の毛みたいにはねたし，皮が小さすぎてシューマイみたいになりました。でも，味はおいしかったです。

僕の班は，いつも失敗があるような気がします。今日はめずらしく成功でしたが，前回は梅大福の数がたりないという，びっくりなことが起こってしまい，泣けるような思いをしました。

鮭のホイル焼きと，すまし汁と，おまけで昆布のつくだ煮をつくりました。僕の班のスローガンは，「どの班にも負けないだしをつくる！」だったのですが，どこかの班に負けそうなだしをつくってしまいました。

ひとことアドバイス

「安土桃山時代に行きたいです。そして冷酷と言われている織田信成に会って，♪本能寺の変♪を聞かせたい」というのがありました。残念！「織田信成」なら，タイムマシンがなくても会えるんだなあ。

4 「お題」のいろいろ・その4「思い出シリーズ」

❶ 中学生も「思い出」が好き

生徒にとっても１年がたつのは，あっという間。特に本校は，適性検査を受けて入学してくる学校なので，１年生の１月頃は「あー，去年の今頃，私，必死で勉強してたなあ」と思い出して感慨にひたる……という感じです。

当日は必死だからこそ，まぬけなことも起こりやすい。今だから言える失敗談……みたいなのもいっぱいあります。こちらも「へえー，小学生ってそんなことを考えていたのか」と気づかされることもあったりして。他にも，オリエンテーション合宿の思い出，入学式の思い出……いろいろ。「思い出シリーズ」はとにかく笑えます。あ，いや，成長が感じられます。

【受検（適性検査だから）の思い出】

> ものすごく緊張しました！　テストが配られてから，開始するまでの時間が地獄のようでした。面接の時も緊張しすぎて声がふるえました。合格発表を母と見に来て，番号があったとたんに飛び跳ねて泣きました。

> お弁当に入っていたキットカットを見て「え？　これ，持ってきていいの？」と思い，こそこそ食べたのを覚えています。そのキットカットに書かれていた母さんからのメッセージはとてもうれしかったです。

私はお姉ちゃんに「何がなんでも，面接の時には立て！」と言われていたので，みんな座って答えているのに，私だけずっと立って答えていました。今考えるとひとりだけ変だったな，と思います。

試験は落ち着いてできましたが，面接が……。「受検番号」を「じゅけんばんぎょう」と，かんでしまいました。

水筒にあったかいココアを入れてもらい，車の中で飲み，音楽でリラックス。お母さんが「余裕だね～。お母さんの方が緊張して顔が熱くなってきたー！」って……余裕なわけないよ……。

たった１年前のことなのに，当日が雨だったことしか覚えていません。かなり勉強してのぞんだテスト。弁当のごはんに，のりで「ファイト」と書いてありました。

終わった自分を迎えに行こうとしたお母さんが，階段から落ちて骨折。結果は合格だったので，よい日だったのか，悪い日だったのか……。

ひとことアドバイス

こういうのを読むと，「家族も必死で応援して，うちの学校に入ってきてくれたんだなあ」とあらためて思って，教師の責任を感じます。普段は「どの口が言うか！」「ぼけーっとしない！」などと，まあ……ざっくり育てさせていただいております。

5 「お題」のいろいろ・その5 「ふと思いつく」

❶ よく考えると，ほとんどが「ふと…」

ここまでなんやかんや「お題」の例を紹介してきましたが，実はほとんどの場合，何かのきっかけでふと思いつきます。これでいいのだ（いいのか？）。毎回「これのためにこういうお題を」なんて，無理無理。

【行ってみたい都道府県】（「連休というのに部活はあるし，仕事はあるし，どこにも行けんわ。生徒も同じかなあ。中学生ってどこに行きたいのかなあ」と思いついたお題）

> 私は北海道に行きたいです。理由は『日本の絶景パレット100』という本を見たことです。北海道が一番多く，実際に自分の目で見てみたいからです。あと，おいしい食べ物，特にかに？　本場の味を楽しみたいです。

【かわいい人・かわいいもの】（最近よく生徒が「数学の中元先生がかわいい」と言っているので「中学生にとって『かわいい』の基準とは？」と思いついたお題。厳しい大ベテランの先生なんですけどね）

> トロンボーンです。管楽器の中でもスライドを使って音を変えるので，なめらかなグリッサンドができます！　たまに音程がなかなか合ってくれなくてツンデレ（私のせい……泣）なところがすっっごくかわいいです。

【乗りたい車】（最近，黒のクラウンを買った先生がいらっしゃいます。頭が

ボウズでサングラスをかけて乗っています。生徒を送ってきた保護者が「うわっ！」って驚くのがおもしろくて思いついたお題）

スポーツカーです。ドリフトしてみたいです。でも，実際にドリフトをやったら酔いそうなので，ゲームだけにしておきます。

【理想のカレー】（校外学習で宮島に行き，飯盒炊さんでカレーをつくるということで出したお題。実際は雨で中止になり，生徒は外国人観光客に英語でインタビューする方に全精力を注いでいました）

私は，この前母さんがつくった失敗作，サラサラカレーにならなければ，もうなんでもいいです。自分は料理が苦手なのでサラサラになるかもしれませんが，班に母さんみたいなお方がいらっしゃるので安心です。

【人生で見つけた法則・金言】（生徒が通る階段のところに「今日のひとこと」を掲示してくださる先生がおられて，私も毎朝楽しみにしていました。生徒にも人生で見つけた法則や印象的なひとことがあるんじゃないかと）

「正しい者が勝つのではない。壁を乗り越えた者が勝つのだ」これ，親に言われて。すんごい修羅場だったんですねー。

「下手な方がマリオは楽しい」なかなかクリアできない人の方が，長い間プレイできて楽しいんですよ。

「期待するほどいい席にならない」は〜。「あの人が後ろになって，あの人が隣になって」とかすごい期待してルンルンになる時ほど……。

【暑い夏をどうのりきるか？】（暑かったからです。本当に暑かったんで，みんなどうしてるか知りたかったんです）

昔，暑さ対策かつ節約でやったのが，扇風機で姉と交代で涼む方法です。１回30秒で，勉強をがんばれば涼めるので，勉強がはかどりました。今年はもうエアコンにしよっかなー。

うちわであおぎまくります。でも，すぐに疲れてしまい「あ～」ってなります。リビングにはゴーヤカーテンがつけてありますが，そのゴーヤはとてつもなく苦く，食べたらウエッて感じです。

【大切なもの】（ものすごく気に入っている愛車のマフラーが破れて，暴走族のような音になってしまいました。大切にしてたのに……と思って）

家族からもらった手紙です。置き手紙も，ちょっとした落書きみたいなものもほとんどとっています。たくさん思い出がつまっていて捨てられないので大切にしています。

僕が大切にしているもの（過去形かな？）はランドセルです。今でも傷は１つで，自然につく汚れ以外は何もついていません。今もピカピカです。

【クリスマス】（各家庭の必死な様子が目に浮かぶイベント。冬休み前には鉄板のお題です）

数年前のクリスマスに，サンタさんから妹に手紙が届いていました。

それには「ごめんね。今日の夜に持ってきます」と書いてありました。

クリスマス最悪の思い出は，入院した状態でのクリスマスです。せまい部屋で，親と看護師と小さなパーティー。不法侵入のサンタさんからのプレゼントがベッドに置いてありました。

【私は○○さんになりたい】（中高一貫の一番よいところは，すばらしい高校生が身近にいて，手本になってくれるところです。自分も中学生の時，１つ上の吉田先輩のようになりたいと思っていたなあ……）

僕は，４年生の津川先輩になりたいです。応援団でも手厚く指導していただいたし，サッカーでもチームの守護神としてがんばっていて，後輩を大事にしてくれるので。

私はあこがれの怜花先輩になりたいです。部活と勉強を両立しているし，おもしろくて本当にステキです。今から入ってくる後輩の，こんな先輩になりたいです！

【異性からもらったもの】（道徳の教材に「好きな子からさくらんぼをもらう」みたいな内容のがあって，内容項目とは関係ないけど，その日の日記のお題はこれにしてみました）

小学校６年生の時に，好きな人からもらった消しゴムです。忘れて困ってた時に，半分わけてくれて……。今もどっかに入ってると思います。はっきり言って汚いけど，やっぱりうれしかったです。

【おすすめの本】（これも鉄板ネタです。国語の宿題ではないので幅広いジャンルから推薦できるのがよいところです）

私は『モンテ・クリスト伯』を読んでいます。母さんいわく「突然逮捕された人が14年後に脱獄して，ある人に復讐する話」と。上下あって，厚さがハンパないので，まあ地道に読んでいきますよ。ははは。

いろいろ悩んでいる時に母にすすめられた『原因と結果の法則』は心にくるものがありました。しかし，さすがに中２レベルで読めるものではなく，理解にすっごく苦しみました。

【教育実習生】（クラスに異物が投入されるのは，生徒を成長させるチャンスです。いる間は気をつかっているので，帰った後でこの「お題」を）

先生はバレー部で何回か練習に来て丁寧に教えてくださって，ありがとうございますって感じでした。「ポジションどこだったんですか？」と聞いたら「俺，補欠だったんよ」と。聞かなかった方がよかったかも。

学習のために人を教えるのは，どういう気分かなあ……と思いました。間違ったことを習わせていたら怖いし，僕にはできそうにないです。

小学６年の時に実習生が来ました。その時の担任は，その人をこき使っていて，学ばせるためなのか，自分がラクしたいのか，イマイチわかりませんでした。でも，とても楽しい日々でした。

【マイ・ブームを教えて】（生徒と話していると，忙しいくせにけっこう「最近コレにはまって」みたいな話題が出てきます。「書けるお題」です）

> マイ・ブームは，家族で買った「Wii Fit Plus」です。自分のバランス年齢が出せるすぐれもの。最初にはかった時は，72歳というとても驚く数値でしたが，今は25歳くらいまで下がってきています。

> マイ・ブームはものまねです。万引きGメン，グルメリポーター，デパートの迷子のおしらせもできます。

【父さん母さんの若い頃】（オープンスクールの司会をやることになった生徒の晴れ姿を，ひいばあちゃんが見に来られました。「ひいばあちゃん，若い頃満州にいたらしくて……」という彼の話にヒントを得て。この後の三者懇談では，「あー，あの人かあ」と笑いをこらえるのに必死）

> お父さんは，当時荒れてたお母さんを助けるために「ちょっと待ってて」と言って，その時つきあっていた彼女と別れ，お母さんとつきあうことになったらしい。

> 父は自転車競技で中国大会に。勉強はほとんどしていなかったが自転車で推薦入学。中学時代はモテモテだったというが，本当かは知らない。

> 父さんは，ラグビー部でボウズだった。おばあちゃんに隠れて悪いことをして，おじいちゃんによく怒られてた。

【頭がいいなーって思う人】（考査を前に「あいつ，頭がいいからうらやましいな」と言っている生徒たち。でも「頭がいい人」ってどんな人？）

テストの後に「うわー，あそこ間違えた！　最悪！　人生終わった！」と言う人。１問の重みが違うんだなー，と思います。でもよく聞くから，いったい何回人生が終わるんだろう？　と少し考えました。

気がつかえる人です。気がつかえるってことは，自分のことがちゃんとできていて，なおかつ周りのことに気づけるってことなので，そんなことは頭のいい人しかできないじゃん！　って思います。

【幼稚園の話】（自分が幼稚園の創立60周年パーティーに参加して，すごいことが起こったからです。これは「思い出シリーズ」でもあります）

幼稚園の時の私は，芸術センスが炸裂してましたね！　水色のリス，７色のウサギ……本当の色をぬるよりも，こっちの方がきれい，かわいいとか考えて，作品をつくっていました。でも，よく先生に「なんで本当の色をぬらないの ?!」と怒られて泣いていました。

ちっちゃい時は幼稚園だったけど，途中から保育園になりました。幼稚園のおやつは肝油ドロップだったのに，保育園はいりこでした（泣）

土曜日にウルトラマンを見ながら「ウルトラマンが終わるまで，幼稚園のバス来ないで！」って思ってたことはなぜか覚えています。

【百人一首】（２月の百人一首大会にちなんで。出場するのはクラスで４人だけど，選手でなくてもいろいろな思いがあるのです）

私の好きな歌は「瀬を早みー」と「嘆けとてー」です！　どっちも恋の歌で，意味を知るとついその人たちの状況とか考えてウルッときてしまいます。毎回百人一首をやった後はそのマンガやドラマを見直します。

幼い頃，母に教え込まれました。意味なんてわかってなかったです。グリーンアリーナで行われる大会にも出て，最高成績は５位。そして今日，実力を見せる時がきた。俺の右手が光ってうなる……バン！　そうして最初に取った札は，お手つきだったのでしたー。

【20年後の自分】（妄想系のお題。これまた道徳で「人生のパートナーにしたいのは？」のベスト５に「計画的に物事を進める人」がランクインしたことにびっくりして，日記のお題にしてみました）

そろそろいいかげん結婚してないと困る。広い一軒家を建てたい。子供がいたら仕事と両立させたい。ウサギ飼いたい。ハムスターでもいい。

10年後だと，上司にパシられているが，20年後は職場でよい位置にいる。家庭はほしいけど，たぶん独り身。

結婚しているかもしれない。なんか手相で結婚線が30～40歳に２～３本あるから。

6 「お題」のいろいろ・その6 「どうしても思いつかない人は」

❶ あいうえお順の「お題」

前項で，さまざまな「お題」を紹介してきました。実際はもっともっとあるわけですが，そんなに次々思いつかないという先生もいらっしゃるでしょう。そんな時には五十音順に，今日は「あ」から始まるもの，明日は「い」……という風に見つけてもよいかもしれません。

実は，ちょっと事情があって，そういう形で私と「お題日記」を続けている生徒がいるのです。彼女と私は交互に「お題」を出し合う形でやっています。「アイス」について私が書いて，彼女が返事を書く。次の日は「イラスト」というお題で彼女が書いて，私が返事を書く。その後は「ウルトラマン」「猿猴」「おむすび」「買い物」「黄色」……と，お互いが「あいうえお」の順番で何かお題を設定して書き合っています。

ただ，五十音順に何かの言葉を，といっても，少しの工夫は必要です。たとえば「あ」で「愛」はダメですよね。中学生がおもしろいことを書けるお題ではない。「アリ」はどうかな？　これは微妙。いろいろ考えて私が選んだのは「アイス」です。どこのメーカーの何がおいしいとか，アイスで失敗した話とか，アイスなら書くことはいっぱい。そこを考えて「お題」を出していきましょう。

もし自分で考えるのに限界がある場合は，生徒に考えさせるのもよいかもしれません。40人の学級なら五十音のほとんどを網羅できます。もっとおもしろくしようと思ったら，お題の言葉をＢ６サイズくらいの白紙にイラストを添えて書かせておいて，それを日めくりカレンダーのようにしておくと，終学活で「今日のお題は……えいっ！（めくる）」のように盛り上がるかも。

【猿猴】水登先生は「えんこう」という妖怪をご存知ですか？　川に住むカッパのような妖怪で，広島には，えんこうにかかわる昔話や伝説がいっぱいあるんですよ!!　最近，昔話を耳にすることが少なくなりましたが，たまに図書館などで，広島ならではの昔話を調べると，おもしろい話が意外とたくさんつまっています。図書館に行く時，なんとなく調べるのが私の趣味です。
《返事》広島駅の手前に「猿猴橋町」という電停がありますよね。私は妖怪にはくわしくないけど，宇品の狗賓さん伝説は聞いたことありますよ。

【桜】もう桜の季節は終わってしまいましたが，日本人って桜が好きですよねー。サクラソングも多いし。でも私が「めっちゃきれい」と思うのは，花みどり公園から太田川の方に向かって下りていく道の途中の，ある風景です。右にはソメイヨシノ，左には黄色と白の花が垂れ下がっていて，そこにしだれ桜（濃いピンク）が!!　もう，すごいですよー。
《生徒の返事》桜ですかー。私の家は，その季節になると，毎年，湯来の山小屋から桜の枝を切り出して，家の前に飾ってるんです。で，そこに行く時花みどり公園を通るのですが，今年はたくさん咲いてましたね!!　道も花びらでピンクに染まってて，もう感動でした。桜って，農家では野菜のできがわかる占いができるんだとか。今年は咲きすぎらしいのですが，それって悪いことなんですかね？

ひとことアドバイス

「お題日記」に限らず，自分のアイディアに限界がきたなー，と思った時は，生徒の力を借りるのがよいと思います。40人近くもいるのだから，少しずつ分ければなんとかなるでしょ。しかも生徒は思いもかけないような発想をします。

7 「お題」のいろいろ・その７ 「今までのお題例（の一部）紹介」

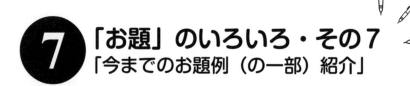

「なんでもいいのです」と言われてもなあ……と思われる先生方のために，どんなお題を出したかを思い出してみました。

【思い出シリーズ】

・幼稚園の時の自分　・幼稚園の先生　・小学校の時の自分
・小学校の先生　・去年（中１とか中２とか）の自分
・参観日の思い出　・受検の思い出　・入学式の思い出
・去年のオリエンテーション合宿の思い出　・一番古い記憶は？
・優しくされたこと　・恥ずかしかったこと　・泣いてしまったこと

【生活シリーズ】

・連休の予定　・この土日に何をしていたか　・洗濯　・私の無駄づかい
・部屋のそうじ　・家事のお手伝い　・我が家の暑さ対策　・家電
・寝る時の格好　・私服について　・大切にしていたおもちゃ
・お正月　・クリスマス　・節分　・七夕　・誕生日　・〇〇がかわいい
・今，イチ押しの音楽　・おすすめの本　・おすすめのドラマ・映画
・うちの部活は今こんな感じ　・マイ・ブーム　・好きなヒーロー

【勉強シリーズ】

・担当の先生が替わった教科の変化　・授業中に眠くなったら
・担任に教えたい教科担の特徴　・もし自分がこのクラスを担任したら？
・第〇回考査に向けて　・考査のできはどうだった？
・家庭学習のおともは？　・テスト勉強失敗談

【食べ物シリーズ】

・理想のカレー　・お弁当　・得意な料理　・食べてみたいもの
・カップ麺キングは？　・おいしいパン屋さん
・あれはまずかった！　・おすすめのレストラン　・おすすめの夜食
・ファストフード　・コンビニスイーツ　・このアイスがおいしい
・めだま焼きに何をかけるか　・小学校の給食メニュー

【行事シリーズ】

・入学式の１年生を見て　・合唱祭　・体育祭　・文化祭　・球技大会
・百人一首大会　・校外学習　・修学旅行　・卒業式の３年生を見て
・この行事でここをがんばった！　・来年はこの行事をこう変えたい！

【動物シリーズ】

・犬　・猫　・魚釣り　・好きな虫・嫌いな虫
・飼ってみたいペット　・ゴキブリが出た時

【できたらシリーズ】

・行ってみたい国　・行ってみたい都道府県　・行ってみたい時代
・乗りたい車　・デートするならこの場所　・会いたいアイドル
・もし総理大臣になったら　・もし１億円もらったら
・もし透明人間になったら　・将来の理想の家族
・自分の子供につける名前は？　・無人島に行くなら誰と行く？

ひとことアドバイス

たとえば，ラジオの地方局で昼間にやっている番組。毎日何かテーマを決めて，メールを募集しているはずです。また，雑誌の特集記事になるようなネタも参考になります。ただ，生活が見えるので，自分が親だったらちょっと恥ずかしいこともあるかもしれません。

COLUMN

文化祭と私

あれは４年前。文化祭前に吹奏楽部の生徒が「今度『タッチ』を演奏するので，先生たちに踊ってほしいし，水登先生には歌も歌ってほしいのです」と頼みに来ました。任せろー。得意じゃー。ということで，確か10人ほどで，振りつけも間奏の小芝居も私が考えて，それは始まりました。

次の年も頼みに来たので，『タッチ』程度ならいくらでも……と思いきや「今年はももいろクローバーＺで」ええっ！　いきなりハードル上がりすぎ。それでもがんばって YouTube を見て研究。歌って踊りきりました。衣装もミニスカートをはいているように見えるエプロンを縫って出演。広島で放送している番組「ぐるぐるスクール」にも取り上げられて，学校説明会でも小学生に「ももクロの先生だ！」と指をさされる始末（スーパーでもなんか顔を見て笑われているような……）。次の年はピンク・レディ，次の年はジャニーズ，そしてその次の年は星野源の「SUN」でした。文化祭は６月終わりにあるのですが，連休を過ぎたらこのことで頭がいっぱい。小芝居と衣装を考え，通勤の車の中で歌を覚える毎日。一般公開の日には保護者がビデオカメラを構えて待っておられるのでもう後に引けません。今年はなんだろう？

第4章
「お題日記」は「返事」が肝心！

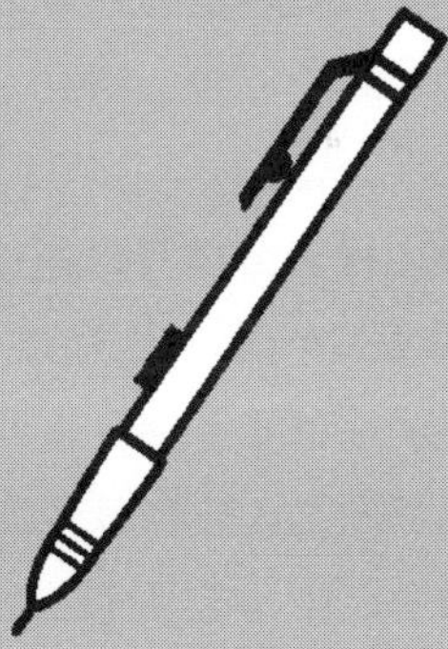

1 生徒のセンス・先生のセンス

❶ 何を「おもしろい」「かわいい」と思うか

前項で,「お題」に対する生徒の作品を紹介しましたが,それを読んでどう感じられましたか?「おもしろいなあ」「かわいいなあ」と感じられた人は,たぶん私と感受性が似ている人かも。

「○くんはよく学級通信に載るよね」とか「よし! 今回は学級通信に載るはず!」などと言いながら書いている子もいますが,中1生の予想は当たらない場合が多いです。それは「小学校の先生に認められた感覚」だからかも。小学校の先生って,真正面から生徒をほめるのがうまいですよね。でも,中学校の生徒と先生の関係とは少し違うんだなあ。

おもしろい話や,読む側が「なんてかわいいんだろう」と思うような話が書けるかどうかは,そういう経験をしているかどうかにかかっているし,もっと大切なのは自分の身に起こったどんなことを「おもしろい」「すばらしい」「なさけない」などと感じ,覚えているかどうかなのです。

生徒の感受性はまず家庭。毒舌を吐くお母さんの子供は,お母さんの感受性に共感して同じように毒舌になるか,それが恥ずかしくて黙り込むようになるか,です。少し成長すると,本やテレビ,友達関係でセンスを磨く。

よく「関東ではオチのない話を平気で長々とするのにびっくり」という話を聞きますが,西日本に住んでいる人間は,小さい頃からテレビで「吉本新喜劇」を見ているのが原因だと私は信じています。関西の大学で,「おまえ,全然おもろないわー」と言われて徹底的に鍛えられたと,神戸大学出身の先生が言っていました。ほほー。頭の回転が速いからおもしろいんだと思っていたけど，そういうことなのね。

❷ 何歳になっても感覚を磨く

「お題日記」を読んでいると，職員室でふきだすこともよくあります。たった数行だけど「なんか笑える」とか「なんかかわいい」とか。そんな時の返事はまず「わははー」です。そうしているうちに「人を傷つけない」とか「ここまではふざけていい」とか「自虐のツボ」みたいなものを生徒は身につけてくる気がします。中３生の日記はやっぱりおもしろい。

自分の感覚が老け込んでしまうと，生徒の文章のキラッとおもしろい部分を見逃してしまうと思います。テレビやラジオを見たり聞いたりして，しゃべりの内容やテンポのセンスを磨いておくこと，いろいろな人とコミュニケーションをとって話したり笑ったりすることが大切なのはもちろんですが，ユーモアのある文章をよく読むということが必要。でも，自分自身に関して言えば，小学校の頃からそういう本ばかり読んで，名作と言われるものを読まなかったのはちょっと失敗だったな。国語の教師としてちょっと……。

私は中高生の頃に田辺聖子さんの小説やエッセイをよく読んでいて，「寛容」を中心に，ここから吸収したことは多かったと思います。あとは，井上ひさしさん，椎名誠さん……大人になってからは，糸井重里さんの「ほぼ日刊イトイ新聞」や週刊文春の「ＯＬ委員会」が主催して読者の投稿がまとめてあるものも好きだったなあ。生徒がいつだか糸井さんの『言いまつがい』の本を朝読書で読んでいて，笑いをこらえるのに苦しそうでした。あー，「お題日記」の文章をまとめて学級通信に載せて，みんなが読んで笑うというのの原点はここかも。

ひとことアドバイス

4月に，新入生の「校内巡り」がありました。4年生が連れて回っていたのですが，「はい，おもしろい先生ですよー」って紹介されました。卒業生に「誰かのボケを拾ってつっこむ守備範囲は，カープの菊池並み！」とほめられた（？）のが自慢です。

2 自分の視点と返事の関係

❶ 続けるコツは「いっぱい書かない」

まず，中学校の先生は忙しい。だから，いっぱい書こうとすると余裕がなくなって，それこそ「よかったですね」みたいな返事になってしまいます。これを言うと怒られそうですが，特に教材研究にものすごく時間がかかる国語の先生や，空き時間といえば実験の準備に追われる理科の先生，指導案をせっせと書いている道徳担当の先生，空き時間は100％生徒指導の時間になってしまう先生などは，丁寧に返事を書いている時間などないのが実情でしょう。放課後は部活指導をしないといけないし。

「お題日記」は，とにかく全員とやりとりをするというところがポイントなのです。だから，ちゃんとした返事を短時間で全員に書ける先生からすれば，私の返事なんて，返事とも言えないかもしれません。生徒の文章に対する，単なるあいづちかも。

ここで，自分の返事パターンを分類してみようかと思ったのですが，あまりにも適当なので，無意識にやっていることを箇条書きにしてみます。

①会話のように書く。
②教師自身のことも書く。
③「ええっ？」「うわー」「わかるー！」などの，共感したり驚いたりした言葉は大きな字で書く。
④時々イラストも入れてみる。
⑤「○○さんも同じこと書いてたよー」など，それを読んだ後に生徒同士が話せるようなことも書く。
⑥時には役に立つような豆知識や情報も入れてみる。

❷ たとえばこんな感じ

【最近の自分】ずっと音楽を聴いています。特にお気に入りなのがリストの「愛の夢　第3番」とドビュッシーの「月の光」です。でも，最近は家で2時間くらい聴いているので勉強の時間がとても短いです。進研ゼミの教材がたまっていて毎日のように親に怒られています（笑）

【返事】すてきっ！（♡）　なんか，いとっち，お嬢様ぽいっすわー（♡）

「いとっち」というのは「伊藤さん」のことです。授業で当てる時は，女子は「○○さん」男子は「△△くん」とちゃんと呼ぶようにしているのですが，そうじゃない時はついついあだ名で呼んだりしてしまうので，返事は「授業以外バージョン」になっています。

いや，私だって「愛の夢」や「月の光」くらい知ってますよ。それについて語ってもいいんだけど，あの剣道部の，しかも天然ボケの「いとっち」がドビュッシーだって！　という方が先にたってます。

【合唱祭にかける思い】ピアノの伴奏をするので，とてもプレッシャーです。3－1の合唱は発表順が最後なので，ほんとに間違えてはいけないという思いがすごく強いです。毎日プレッシャーで全然寝れてないです。

【返事】間違えてもいいので，ごまかしてください！　その技術を身につけて！　何度も弾いて，何度もごまかす！

これは実際にピアノを弾いて，何度も修羅場をくぐり抜けてきた者でないと書けない返事だと自負しております。どんなに完璧にしても，本番には魔物が棲むというのは，伴奏に限らずあることです。これに対して「いいえ，あなたなら大丈夫よ！　間違えるわけがありません」という返事も「たとえ間違えても，ここまでがんばってきたのだから，みんなは許してくれると思います」という返事も，内容は美しいけれど，あんまり意味がないのです。

【土日の決意】私は，私は私は私は私は……２日間とも10時間以上勉強をやります!!　……今日，ここに誓います。もしできなかったらビンタしてください。「自分はできる」と暗示をかけてがんばります!!

【返事】「私は」が多すぎ……。だけど，決意って，そういうもんよね。私も今，いろいろ決意していることがあるけれど（ダイエットとかじゃなくて，もっとマジなやつ）苦しいです！　決意を守るってことは！

「私は」が５回も書いてあるこの日記。「ふざけてるの？」と思うか，「決意したからにはやらねばならぬ」と思うから，軽々とは決意できないこの「私は」５回に共感できるかどうか。教師も毎日喜怒哀楽を抱えて生きているわけですが，そのことを自覚したり，忘れなかったりするのがポイントですかね。私，この時苦しかったんですね。

【試験はどうだった？】うん……ダメだった……。70点以上とれただけでいいって思うくらい，テスト前日，ほとんど勉強してませんでした。そのことをお姉ちゃんがお母さんとお父さんに告げ口して，テストの点数より，そっちのことをお母さんに怒られました。お父さんには「それで70点とれたらスゴイじゃん！」と逆に感心されました。

【返事】お姉ちゃーん!! 告げ口はヤメテー!!

「試験はどうだった？」というお題に対して，いきなり「うん」と答えていて，１年生の６月の時点で「お題日記」特有の会話感覚を身につけていることがわかります。普通この内容だと，「優しいお父さんでよかったね」みたいに，お父さんの反応に目が向きがちですが，私はやっぱり，ちびまる子ちゃんのお姉ちゃんみたいな行動がおもしろいなあ。だから，返事はお姉ちゃんに対するメッセージで（読むことはないけど）。

【暑さはこうやってのりきる】部活に行ったらクーラーがんがんなんでー♪（笑）マーチングの時は「熱さまシート」をつけて，首になんか冷えるのをつけてやります。暑さ対策，万全です。

【返事】あー，そういえば，吹奏楽部員，おでこがまっさおですよね。

生徒の様子を見てないと，いろいろなコメントが書けないのは当然ですが，見る時に他の生徒の感覚が入るとなお楽しいです。体育祭にそなえてグラウンドで吹奏楽部がマーチングの練習をしている。全員おでこに「熱さまシート」を貼っていて，陸上部の練習中にそれを見た生徒が「吹奏楽部全員のおでこが青い！」と気づいて大笑いになったのです。生徒の感覚を知るには，部活でいつも一緒にいるのが一番の近道です。

ひとことアドバイス

部活動以外で，生徒とたわいない話ができる時間は，意外と少ないです。昼ごはん，そうじ……くらいでしょうか。だから，もしも無言清掃が行われている学校に転勤したら困るな，と思っています。そうじ中手を動かしながらしゃべるのはなかなかよいのです。

3 ひとことの中に

❶ 愛とか笑いとかをひとことで

この前，授業中に「殉職」という漢字が出てきたとたん，「なんじゃこりゃあ（松田優作の声マネで）」と言った生徒がいました。周りの生徒はきょとん。でも先生（私）は，「昭和か！」とひとことつっこんで次に進む。よけいな説明がなくてもわかるこの感じがほしいです。

【おじいちゃん】私のおじいちゃんは，前，安芸高田市の市長をしていました（最近知ったことだけれど）。とても優しくて，見た目は，ちびまる子ちゃんの「友蔵」みたいな感じです！

【返事】ええっ‼　しかも友蔵が市長って……。

【幼稚園の頃】めっちゃ太ってました。その時は，牛丼や焼き肉など，高カロリーのものが大好きで。今では考えられません。幼稚園の卒アルを見た時「こんなにも太ってたか？」とビックリしました。

【返事】おそるべし。幼稚園で肉食女子。

【高校生】とにかくカッコイイというイメージです。体育祭の時，竹内さんと竹下先輩の握手はよかったですよ～（もう高校生じゃないけど）。

【返事】アメリカ人になって帰ってきてましたよね。

【連休の予定】予定といっても，ばあちゃんの家へ行って，ガンダムつくるくらいしか思い浮かびません。あと，たまりにたまった週末課題を終わらせるとか……（小声）

【返事】小声のところ，大声でっ！

【乗りたい車】キャンピングカー。フワフワのベッドつき。料理がつくれる。テレビつき。でも自分で運転はしたくないです。

【返事】誰か乗せて。キャンピングカー。（料理はするけどそうじは嫌）

ひとことアドバイス

某国立大学に進学したみんなのあこがれ竹下先輩が，あの応援団長もやっていた竹下先輩が，半年ぶりに体育祭の日に戻ってきた。その頭は金髪。それを「なんちゅう色に染めたんじゃー！」と表現する人もいれば，「竹下くん，アメリカ人になった？」と表現する人もいるのです。

❷ ストレートなのもあります

もう，読んだ瞬間にかわいくて感動して，「イイ！」とか「かわいい！」とか「感動したっ！」とかいう返事を思わず書いてしまうのです。

よく中学生って「なんでいけないんですか？」と，聞かれても答えられないような質問をしますよね。そして，「自分がされたら嫌じゃない？」「いえ，別に嫌じゃありません」で，先生も生徒も言うことがなくなる……みたいな。そんな時には「うわー。せこい！」「私はそういう考え方が嫌いだからだよっ！」「人間として感じ悪いから！」とストレートに返してもいいんじゃないですかね？

【今】自分で言うのもあれですけど，後輩にソーランとかを教えている自分が，なんかいいな，と思います。なんか今の自分，めっちゃ先輩だなって思います。

【返事】「自分で言うのもあれですけど」っていうのがイイ！

【今年のＴＯＰニュース】人生初の骨折をしました。しかも，サッカーの大会の真っ最中に……。骨折する前の試合で僕はみんなに「体調くずしたりしたら，みんなに迷惑をかけることになるから気をつけて」と言ったのに，自分が骨折したから罪悪感でいっぱいでした。

【返事】わかるー！　そういう時に限って「あちゃー」だけど，人生そういうもんなので，そんな時，仲間との絆が試されるんよ。

【今日の球技大会】朝練も昼練もして，本気モード全開でした。試合は決勝までいきましたが，２点差で負けてしまいました。初めは「そんな本気にならんでも……」と思っていたけれど，本気になってみて，すごくいい思い出になったなあと思いました。

【返事】そうなんよ‼　テキトーにやったら，テキトーな思い出しか残らんのんよー！

【今年のＴＯＰニュース】この１年間，無事に生きてこられたことです。いろんなことがあったけど，これが一番大切なことだと思います。これからも今までのように生きていけたらいいなと思います。将来は長いけど。

【返事】優花ちゃん！　いいこと言うわー。でも，10代の発想ではないかも。実は40代？

普段，何十人もの生徒をいっぺんに相手にしていると，一人一人として見られなくなることがあります。「このクラスは」とか「この学年の生徒は」のように。でもそうじゃないことを日記は思い出させてくれます。

ひとことアドバイス

教師になるような人は，中高生の時「勉強がけっこうできた」「リーダーだった」「運動が得意だった」人が多いので，先生にほめてもらった経験があるんですよね。だから，それを遠くから眺めていた子の気持ちを拾い上げるのが不得意だったりします。

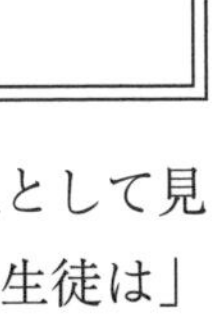

COLUMN

体育祭と私

年間行事の中で私がけっこう必要とされる行事，それは体育祭。まずは応援団。いったん消滅した応援団を，中学生をたきつけて復活させてからというもの，毎年お盆過ぎからこれにすべてを注ぎ込んでおります。毎年起きるドラマ，そして終わった後の号泣。いまだに卒業生とがっちりつながっているのが応援団です。そして，ソーラン指導。今年から２年生主体になったので実行委員会を動かしてなんとかがんばりました！　写真の実行委員長が持っている大漁旗は，サテンの布で縫いました。ホント家庭科が得意でよかった。ちなみに他の生徒が持っている旗は，文化祭の教員ダンスチームが着た衣装を再利用したものです（最初から計算ずみ。「先を見通す女」と呼んでください）。

思えば，前任校でも忙しかったなあ。「体育祭の練習なんか，かったるーい」と言って，最初は参加もしないいわゆる「やんちゃ女子」ですが，数日前になると「やっぱりうちも出る。ダンス教えてや」などと言いだしやがるのです（失礼）。しかし，体育の先生は全体を仕上げるのに忙しくて，彼女らの担当はわたくし。これがまた覚えが悪い！「はい，右手を払ってぐるりんぱ！」「何それ？　ウケるー」「(怒)」なんでこんな目にー！

第5章
「学級通信」を役割を考えて書こう

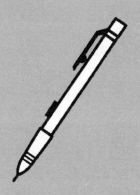

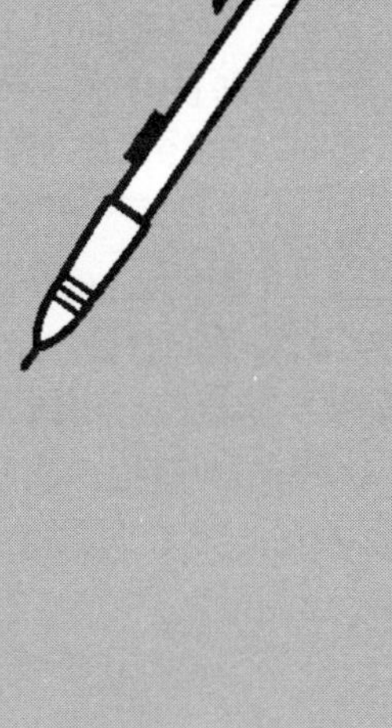

―私の学級通信（解説）―

題 ここのところ、ず〜っと『Vitamin』です。クラスがかわっても学年がかわっても。「読んだ人の元気の素になりますように」ってつけました。以前は毎年変えたり、「みんなも考えて♡」とかやってましたが、やっぱり『Vitamin』が一番自分らしいや…と思って。あんまりこだわると、失敗します。シンプルに♪

Vitamin

広島市立広島中等教育学校
2年1組 学級通信 NO.13
（H.28.7.1.）木登伸子

水泳

今、体育では、水泳の授業が行われています。例年なら、ムシムシ暑いこの季節、プールに入れるなんてうらやましいなあ〜…というところですが、今年は気温が低く、なんだか寒そうでお気の毒。。

私が中学生の時、プールがそもそも学校になくて、水泳の授業もありませんでした。（実は、小学生の時も、小6で初めてプールが学校にできました。それまでは、みんなで歩いて、近くの小学校のプールに行っていたので、1時間の体育のために、2〜3時間つぶれていました。）

で、中学校では、水泳の授業もないのに、全校で「二河プール」という公認（？）の大きいプールで、全校水泳クラスマッチが9月にあるという…ね…。。泳げる距離によって、出る種目が違うのですが、思えば、全く泳げない人って、どうしていたのでしょう？

一番盛り上がるのは、当然最後のリレー。ひとつ上の学年の男子で、みんながクロールで泳ぐ中、平泳ぎでものすごい速さで泳いで、キャーキャ〜言われていた人がいたなあ…。♥

私も退職したら、ちゃんと水泳を習おうっと。右に紹介するのは、新潮文庫の『はい、泳げません』（高橋秀実）です。海や川など、水がい

平泳ぎ、超楽しいです。自分、バタフライは泳げないけれど、平泳ぎは、自分で言うのもアレですけど、普通の人よりちょっと速い自信があります。小学校の時は、かなり凄かったです。今日も平泳ぎの、手の動きで進むやつで1着取りました。オオグニを越えました。

プールでは毎回、サイドでの解説の時、気温が高いか陽が照ってるかで、めちゃくちゃ暑くて焼け死にそうです。
でも、入った瞬間くもったり、思い切り風が吹いて、凍え死にそうです。できれば逆がいいです。

自分は今まで水泳がすごく苦手で、自分で言うのもあれだけど、運動神経は良い方なので、

私はプールはきらいです。着替えがめんどうだし、寒いからです。でも、今日の授業で発見したのですが、川崎先生の足のつめが、とてもきれいでした。ちょっとうれしかったです。

プールの授業は、着がえるのにとっても時間がかかるのですが、授業はめっちゃ楽しいのでいいです！ 着がえの時に毎回、一人ひとりの個室がほしいって思います！（笑）そして、もっと欲を言えば、温水がいいな〜って思います。

僕は運動全般が苦手で、特に水泳ではいつも、もがいているようなので、決しておぼれてはいません。嫌です。話はきちんと聞いて、その通りにやるはずなのに、なん

必 校名、クラス、発行日、号数、担任の名前（文責）は書いた方が良いと思います。プレッシャ〜になる人は号数だけ消除。

フォ〜マット 1年間分とっておいて、冊子にされる保護者のために、基本、2つ折りできるように、B4サイズ真ん中2cm空けて。

5mm方眼のファックス原紙に、0.5mmの水性ボールペンで書いています。左下の例のように、4行分に3行の間隔をとって、マス目一杯の字を書いていきます。

そして、私は
校の中を走っ
なかったので

ペース 1週間に1回（週末日）と決めています。私の力量だと、これがクオリティを保つ限界だし、週末と決めていれば、保護者は生徒に「出たでしょ！」と催促できるから。でも、1回でも忘れると、信用されなくなるので、ご注意を。

教室の壁

体育祭後の
公開日記。その日に
書くのがポイント。机間
指導の合間に授業担も読みます。

紙ファイルの片方を
折り曲げて
作ります。

左が
学年通信。
右が
学級通信。

定期考査が
近づくと、毎日
「計画→実行→
反省（実はグチ）」
を書いたプリントを
提出します。出したら
赤丸で塗る表。

「即レスしません」
のポスターは、
高校美術部の
天才デザイナーくんに
頼んで、進路指導部が
作ってもらいました。

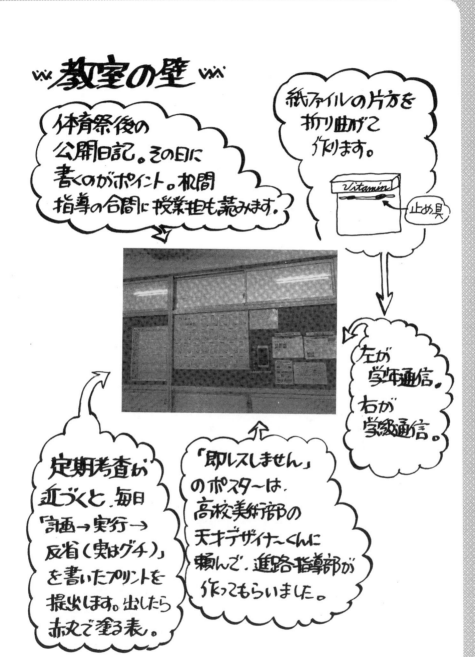

1 「学級通信」の役割・その１「保護者に学級の様子を知ってもらう」

「保護者に学校の様子を知らせるものを『学級通信』と呼ぶのでは？」と思ったそこのあなた！　そこにこだわると落とし穴に落ちてしまう危険性があります。それは，単なる「保護者へのおしらせプリント」になってしまいがちだということです。確かに，行事での様子も，班替えの結果誰と一緒になったかも保護者は知りたいでしょう。でも，あまり学校と接点をもっていない保護者からしたら「何があった」というよりも「先生や生徒はどう行動して，どう感じたか」を知りたいのではないでしょうか。

次に挙げるのは，３年生が初めてオープンスクールを運営した時の学級通信です。普通は行事が終わってから，写真や感想を載せて「こんなにがんばってましたよー」みたいな感じの学級通信で十分だとは思うのですが，それに至るまでの道のりは，当時の企画広報部長の先生が「ちょっと先生，時間ある？」と私に話しかけるところから始まっているわけです。そして成功させるために策略を巡らすわたくし……。

つまり，動きをまるごと見せて，保護者にも「これ，うまくいくんかな？」と一緒にドキドキしてもらう。すると，オープンスクール当日，必死で役割を果たし「疲れたー」と帰ってきた我が子に対して，かける言葉も違うんじゃないかな？「もう一，お母さん聞いてよー。こんな客がいてさー」という話も興味をもって聞けるんじゃないかな？　というための通信になってます。

ひとことアドバイス

クラスが変わって「お母さんが，『先生の学級通信が毎週の楽しみだったのにー』って残念がってます」と言われることがあります。家族に話題を提供する，「宅配される週刊誌」みたいに思ってもらえたらいいなあ。

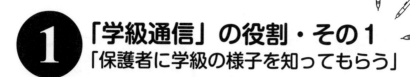

Vitamin DX

広島市立安佐北中学校
3年1組学級通信 No.4
水登伸子（H.22.4.24）

オープンスクールは3年にまかせて！プロジェクト 始動

3年生にとって4つ目（駅伝→卒業式の歌→新入生歓迎会→…）の大きな仕事がやって来ました！ それは安佐北で初の試み「オープンスクールで生徒が前面に出る」というものです。

最初に企画広報部からこの話が来たのは、3月初めの頃。それからあーでもない、こーでもないと、考えたり相談したりして、みんなにそのことを話したのは、4/12（月）の総合の時間でした。（うーん。）どういう反応が返ってくるかなあ？最初に（おもしろそう♡）って思ってもらえなかったら、こっち側の負けだよなー。…などと思いつつ、前日『龍馬伝』を見た後、パワポでみんなへのプレゼンテーション資料を作成。（自分！えらいぞっ！こんなに仕事が山積みなのに。）

で、「実は…」とみんなにこの企画を話した時の反応は、私の予想通り♡♡でした。みんなが本気になれば、絶対やれる!! がんばってオープンスクールを成功させましょう！

自分の仕事を確認するみなさん。

ステージ上の段取りを考えているみなさん。

オープンスクールで私たちが働ける!!というの、めっちゃ嬉しいです!! そういうの好きだから楽しみです!! 絶対、良い学校・良い生徒さんだな——って思わせたいです。♥ 先生らにも、「3年はやっぱすごいっ✨」って思われたーい。

先生は、本当に大変なコトを自分たちに挑戦させる。こういうことは今までいくつかありましたが、今回のは本当に大変だと思います。でもまあ、自分は他の係より楽だと思うので、ちょっとは頑張りたいです。

3年が期待されてるんだってことが分かって、すごくうれしかった♡ 絶対成功させようと思いました。あいさつがよくないとダメだと思うから、この機会に話上手な人になろうと思います。

初めに聞かされた時は「…ふ、ふざけるなあぁぁ!!そんなに小学生を幻滅させたいんですかぁぁ！」と心の中で叫んでいましたが、仕事の中身と私のパーティがわかってから、めっちゃ楽しくなってきました!! 先生さすが!! わかってらっしゃる！

「1日の生活」の主演を誰にしよう？ 高野とか西尾とか案は出てるけど…。何分くらいOKですか？ 制限なしだと長くなりますよ。

初めこの企画を聞いた時、「やりがいがありそう」という印象。多分パワーポイント係あたりになるのでは…と思っていたら、本当になりました。メンバーは原田さん、松本君の私の3人。なんて頼りになるメンバー✨ せめて少しでも力になれるよう頑張りたいです。

6時間目に、先生から急に発表されたこの企画だが、プリントを配られ、見てみると、なっ、なんと一番大変な役でした。よりによってこんな役とは…先生はぴったりの役じゃないかと言うんですが。

Vitamin IX

広島市立安佐北中学校
3年1組 学級通信No.20
水登伸子(H.22.9.10)

この時間がきっと宝物になる!!

毎日(暑い!!)(眠い!!)そして…(疲労困憊)の3年生(生徒も先生も…。)ですが、がんばってます! やらなければいけないこと(しかも、こなすだけじゃなくて、(スゴーイ)と言われるくらいには仕上げたいこと)が多過ぎる。。

学活の時間、3年生は、3つの部隊に分かれて活動しています。

A.ミシン部隊

なんと言ってもう今年のソーランのピンチは「3年生が着る分のはっぴが足りない!!(何故だ〜!?)」ということ。

そこで、ミシン部隊が、わたくし水登(中学校時代の家庭科の成績は「10」!)の指揮のもと、せっせと縫っております。…と言えば聞こえは良いんだけど、「先生〜、糸がからまっちゃいましたー。(またー?)」「先生、待ち針も一緒に縫っちゃいましたー。(なんでやねんっ)」とか、ロスタイム多し。ううう。「あれっ? これ私の指示と違うよね。」「あっ! そういえばエプロン縫った時も同じミスした気がします。あははー。」はあ〜。もう勘弁してください。。

B.かかし部隊

3年種目「World Cup in Asakita」には、4人のかかしのサッカー選手が登場します。棒を十字にして、新聞を巻きつけて、洗濯のりを水に溶いたもので、紙を貼って色づけ。現在4C教室に、ボディが置いてあります。大掃除のワックスがけの紙モップを黄色にして髪にする予定だけど、うまくいくかしらん? アイディアとしては「私、天才!」と思ったんだけど…。

C.ソーラン実行委員部隊♪

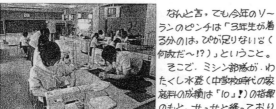

もう、これは本当にお疲れ様です。夏からずっとですもんね。80人×3学年の240人近くを動かすのはホント大変。

毎回、計画→実行→反省の繰り返しで、しかも私に「流れがモタモタするのは、1時間の指導案を、ちゃんと書かんけーよ!」などと、無理難題をふっかけられている部隊です。でも、オープニングも形になりそうだし、三浦さんと山本業さんが、1・2年の旗をちゃんと指導してくれているし、努力は絶対に結果を残すはず。3年全体が実行委員を支えます。ちなみに、3-1の旗の文字は「愛」です。キャー

…って、なんか楽しそうじゃん!!(確かに)

あと1週間。このキラキラした時間を大切にしましょう。全力投球で。

Vitamin

広島市立安佐北中学校
1年1組学級通信 No.21
水登伸子(H.23.9.16)

いよいよ体育祭!!

(でも、雨がっ。。)

ずっと取り組んできた体育祭が、いよいよ明日(たぶん)行われます。現在　体力の限界状態。(毎年この時期は大変。)みんなもギリギリだと思いますが、みんなより40年くらい長く生きているわたくし、まさにギリギリ。

でも、そんな中でも良いことはたくさんあります。まずは、ソーランにしても、学年種目にしても、みんなが声をかけあって一生懸命やっていること。それを続けていけば、2年後、今の3年の実行委員さんのようになれるでしょう。

そして応援団。ほとんどは高校生(しかも4年赤ジャージ軍団)ですが、中学生も2人、がんばっています。みんなもグラウンドのそばを通る時、毎日必死で練習している姿を見ていることでしょう。

昨年度の応援団は、6年生が主体でした。それに、4年生と3年生が加わった形だったのですが、頼りの6年生が卒業し、今年度は、上下関係のほとんどない応援団になってしまったのです。これはマズイ!と、4年生は思ったそうです。同学年で友達どうしだからといって、「まあ、いいんじゃない?」とナアナアになってしまったらどうしようもないと。それで話し合って、互いに厳しくあろうと約束したらしいです。

思えば、そんな彼らも3年前は中1で、「野活で男子は応援団の振りつけをやります!」と言ったら、「ヤッター♡」と高い声で大騒ぎ。教えてくれる先輩もおらず、DVDを家に持って帰って、家族を巻き込んで練習し、当時は「応援団=高校生だけ」というイメージがあったのに、「僕たちも来年やらせてください!」と言い続けて、中2から加入……そしてここまで来たわけです。

今年の新演舞は**龍虎相撃!**　夏休み中、団長と旗手(5年生)と、4年生のリーダー3人と私で、「あーでもない、こーでもない。」と言いながら、創りました。動きの中には、団長と親衛隊長の2人が、夏休み中白木山に登った時の話からヒントを得たものも、入っています。(どんなん!?)「なんか参考にならんかな〜。」と思ってレンタルしたジャッキー・チェンのDVDは役に立ちませんでしたが…。モチーフになっている♫♫のくり返しは一応、ピンクフロイドの♪「吹けよ風、呼べよ嵐」♪のイメージなのですが…。。まあ、とにかく見て!　そして当日は、自分の種目に精一杯取り組みましょう。

2 「学級通信」の役割・その2 「保護者に『中学生の考え』を知ってもらう」

その１では，保護者に学級の様子を知ってもらう大切さを書きましたが，保護者は学級の様子を通じて「我が子がどんな環境の中で生活しているのか」，そしてその中で，「我が子はいったいどこらへんにいるのか（成績だけではなく，人間関係や人としての成長のしかたなどにおいて）」が知りたいのではないでしょうか。なぜなら，保護者は「現代における普通の中学生像」がわからないからです。マスコミは極端な例を大げさに報道するから，不安になるし。まあ，「普通の中学生」はいないんですけど。

普通の保護者は，何千人も中学生のサンプルを見てないから，「うちの子はこれでいいのだろうか」と心配になります。成績なら数字が出るからなんとなくわかるけど，人としての成長がどうなのかを表す，ものの考え方や善悪の判断なんて，面と向かって聞けるようなことでもないから，よけいに心配。

そんな時に「みんなこんな風に考えているんですよ」とわかってもらうには，道徳の時間に書いたものを学級通信で読んでもらうのが一番です。いろいろなテーマがあるから，考えが千差万別でおもしろい（「うちの生徒はきれいごとばっかり書くから」と思う先生は，授業の工夫改善を！）。しかも保護者に「世間でいろいろ言われているけど，ちゃんとやってますよ」とわかってもらえて一石二鳥。時々「みんなあんなにいろんな意見をもってるのに，うちの子は……」とよけい心配させてしまうこともありますが。

ひとことアドバイス

保護者とスーパーなどでばったり出会った時「このあいだの学級通信の○○について，家族で話したんですけどねー」と，普通に道徳の話題が出たことがあります。これ，道徳の授業の広がりとしては理想的。しかも最終的に冷蔵庫に貼ったというお話でした。

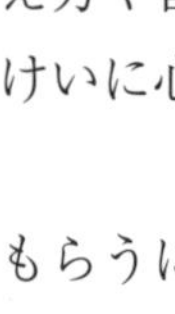

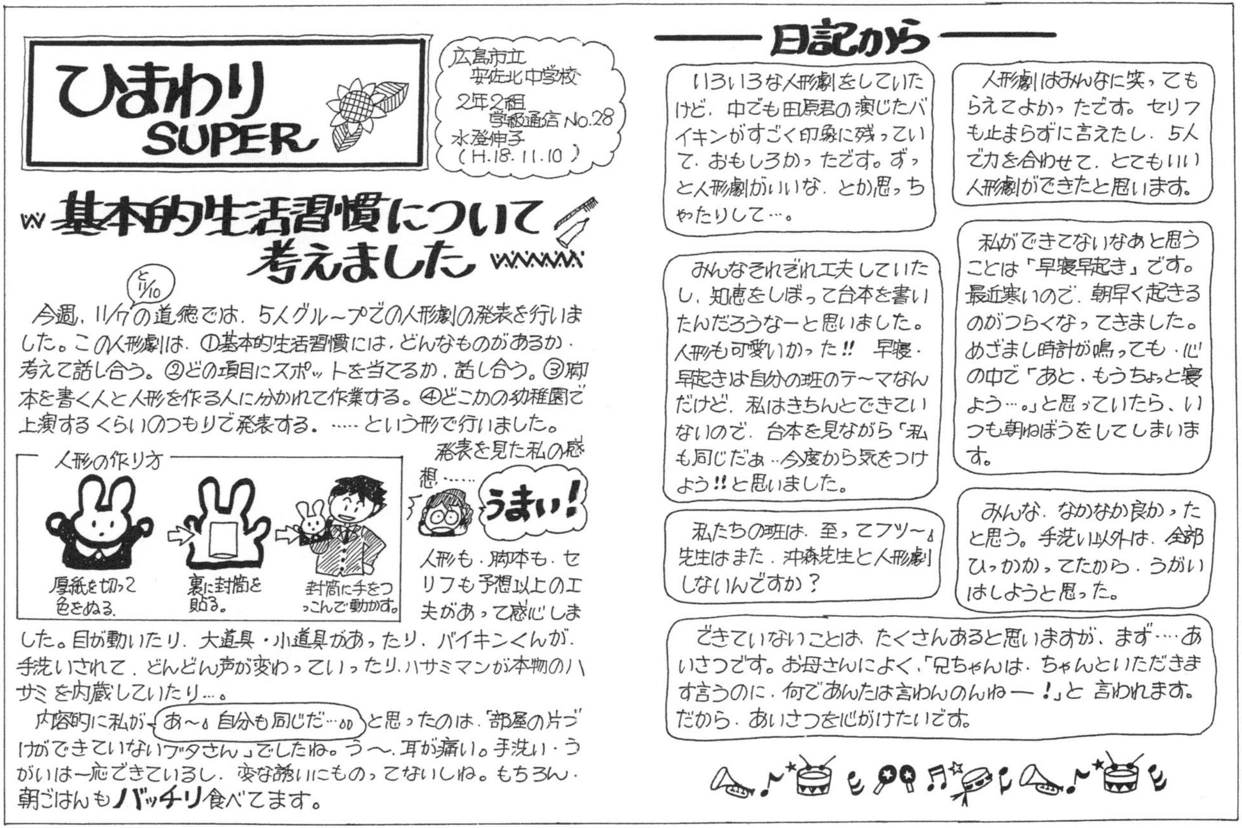

ひまわり SUPER

広島市立
安佐北中学校
2年2組
学級通信 No.28
水登伸子
（H.18.11.10）

基本的生活習慣について考えました

今週，11/7（と11/10）の道徳では，5人グループでの人形劇の発表を行いました。この人形劇は，①基本的生活習慣には，どんなものがあるか，考えて話し合う。②どの項目にスポットを当てるか，話し合う。③脚本を書く人と人形を作る人にわかれて作業する。④どこかの幼稚園で上演するくらいのつもりで発表する。……という形で行いました。

発表を見た私の感想……

人形も，脚本も，セリフも予想以上の工夫があって感心しました。目が動いたり，大道具・小道具があったり，バイキンくんが，手洗いされて，どんどん声が変わっていったり，ハサミマンが本物のハサミを内蔵していたり…。

内容的に私が（あ～。自分も同じだ…。）と思ったのは，「部屋の片づけができていないブタさん」でしたね。う～，耳が痛い。手洗い・うがいは一応できているし，変な誘いにものってないしね。もちろん，朝ごはんも**バッチリ**食べてます。

日記から

いろいろな人形劇をしていたけど，中でも田原君の演じたバイキンがすごく印象に残っていて，おもしろかったです。ずっと人形劇がいいな，とか思っちゃったりして…。

人形劇はみんなに笑ってもらえてよかったです。セリフも止まらずに言えたし，5人で力を合わせて，とてもいい人形劇ができたと思います。

みんなそれぞれ工夫していたし，知恵をしぼって台本を書いたんだろうなーと思いました。人形も可愛いかった!! 早寝・早起きは自分の班のテーマなんだけど，私はきちんとできていないので，台本を見ながら「私も同じだぁ…今度から気をつけよう!!」と思いました。

私ができてないなあと思うことは「早寝早起き」です。最近寒いので，朝早く起きるのがつらくなってきました。めざまし時計が鳴っても，心の中で「あと，もうちょっと寝よう…。」と思っていたら，いつも朝ねぼうをしてしまいます。

私たちの班は，至ってフツ～。先生はまた，沖森先生と人形劇しないんですか？

みんな，なかなか良かったと思う。手洗い以外は，全部ひっかかってたから，うがいはしようと思った。

できていないことは，たくさんあると思いますが，まず…あいさつです。お母さんによく，「兄ちゃんは，ちゃんといただきます言うのに，何であんたは言わんのんねー！」と言われます。だから，あいさつを心がけたいです。

Vitamin DX

広島市立安佐北中学校
3年1組学級通信
No.10
水登伸子
(H.22.6.4)

人はどんな時に慢心するのか

5/28の道徳では，菊池寛の「形」を読んで，「謙虚」について考えました。槍の名手として敵から畏れられていた中村新兵衛の特徴は，猩々緋の服折りと，唐冠纓金のかぶと。どの戦でもその姿を見ると，敵方は『槍中村』だ！と浮き足立って，戦う前から崩れていきます。ある戦の前，新兵衛は可愛いがっていた初陣の若者に頼まれ，その服折りとかぶとを貸してしまいます。そして自分は，黒皮おどしのよろいと，南蛮鉄のかぶとで戦場に出たところ，敵はひるむことなく襲いかかってきて…。

この授業では，最初，黒板に一覧表を作り，各部活広島市で一番強い中学校名と，その見た感じを書き込んでもらいました。卓球と演劇のことしか分からない私としては「へ～え！」という感じ。例えば，「剣道→己斐中→防具が高そう」「サッカー→落合中→服をちゃんと着てる」「囲碁将棋→城北中→全員メガネ」「野球→亀山中→ボウズ」とかね。2種目（男子テニスと吹奏楽）で名前の挙がった修道中などは，「とにかく頭良さそう」「修道オーラが出てる」って，すごいよね。

どうしても「え？1回戦の相手，○○中？（すでにビビっている）もう～　先生，くじ運わるすぎ～」みたいなこと。てあるし，「形」の持つ力を互いに脱却しなきゃ…ということで，みんなには「人はどんな時に慢心するのか」について書いてもらいました。

慢心――まあ，ビビりの私には，あまり縁のない言葉ですよ。私が「オ～ッホッホ」って高笑いモ～ドになってる時って，たいがい結果が出た後だし，大きなコト言ってる時は，内心の弱気をかくそうとしてる時だし，「大丈夫！」と思ってる時は「大丈夫！失敗してもゴマカせる自信あるから！」ってことだもんなー。なんか損な生き方。

うぬぼれが生まれるのは，過去の努力していた自分の姿を忘れた時。今まで積み上げてきたのに，目標を少し達成しただけで，そのことに心をうばわれて，自分に必要以上の自信をつけてしまう。

今までの先輩が築いてきた伝統を，そのまま引き継いだだけなのに，努力をして伝統を続けていこうと思わず，ピークで気分だけ調子にのって…みたいな時。

自己過信。強い相手に勝って「自分は強い！」という思いが生まれ，相手を甘く見て，そんなに強くない相手にでも負けることがあると思います。

他人あるいは物の力で良い結果が出たのに，自分一人の力だと思うと，うぬぼれが生まれる。そして，結果が出ない時には「今日は体調が…」とか「今日はたまたまダメで次は絶対…」とか自分に言い訳をする。

「頭のいい学校」「強い部活」などの看板を背負っているだけなのに，高慢な気持ちになっている時。

己に対する見たて違い。過去の栄光にすがったり，己でハードルを高く設定して，跳んだ気でいる。

人間関係だったら，周りのせいも少しはあると思う。権力がある人には，周りが意見言わないから，自動的にうぬぼれる。

初心を忘れた時。過去に精一杯やってきたことが，まだ自分の身についてると思いこんでしまっている。

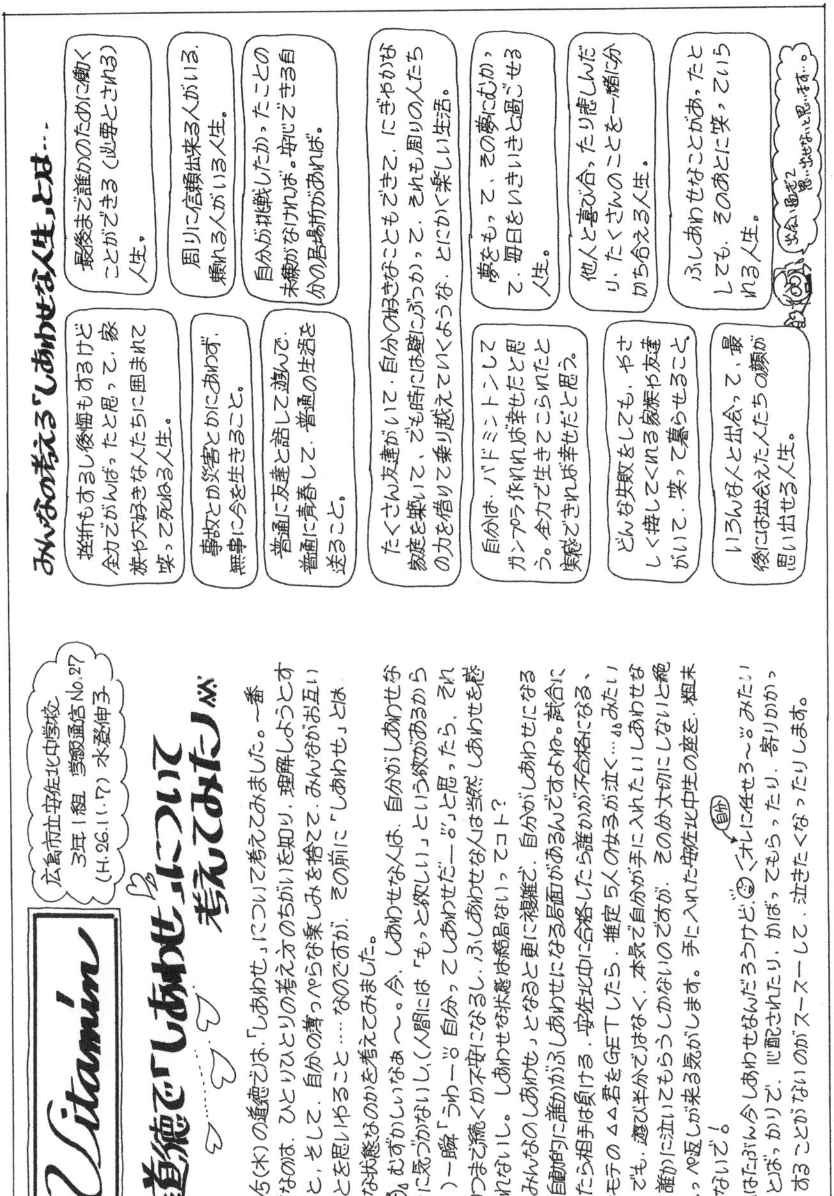

Vitamin

広島市立安佐北中学校
3年1組 学級通信No.27
(H.26.11.7) 水登伸子

道徳で「しあわせ」について考えてみた♪

11/5(水)の道徳では、「しあわせ」について考えてみました。一番大切なのは、ひとりひとりの考え方のちがいを知り、理解しようとすること。そして、自分の薄っぺらな楽しみを捨てて、みんながお互いのことを思いやること……なのですが、その前に「しあわせ」とはどんな状態なのかを考えてみました。

むずかしいなぁ～。今、しあわせな人は、自分がしあわせなことに気づかないし、人間には「もっと欲しい」という欲があるからね。）一瞬「うわ～♪自分ってしあわせだ～♪」と思ったら、それがいつまで続くか不安になるし、ふしあわせな人は当然しあわせも感じられないし。しあわせな状態は結局ないってコト？

「みんなのしあわせ」となると更に複雑で、自分がしあわせになると、自動的に誰かがふしあわせになる局面があるんですよね。試合に勝ったら相手は負ける、安佐北中に合格したら誰かが不合格になる、モテモテの△△君をGETしたら、推定5人の女子が泣く…♪みたいに。でも、遊び半分ではなく、本気で自分が手に入れたいしあわせなら、誰かに泣いてもらうしかないのですが、その分大切にしないと絶対しっぺ返しが来る気がします。手に入れた安佐北中生の座を、粗末にしないで！

私はたぶん今しあわせなんだろうけど、(自分)「オレに任せろ～♪」みたいなことばっかりで、心配されたり、かばってもらったり、寄りかかったりすることがないのがスースーして、泣きたくなったりします。

みんなの考える'しあわせな人生'とは…

挫折もするし後悔もするけど全力でがんばったと思って、家族や大好きな人たちに囲まれて笑って死ねる人生。

最後まで誰かのために働くことができる（必要とされる）人生。

事故とか災害とかにあわず、無事に今を生きること。

周りに信頼出来る人がいる。頼れる人がいる人生。

普通に友達と話して遊んで、普通に青春して、普通の生活を送ること。

自分が挑戦したかったことの未練がなければ、守ってきる自分の居場所があれば。

たくさん友達がいて、自分の好きなこともできて、にぎやかな家庭を築いて、でも時には壁にぶつかって、それも周りの人たちの力を借りて乗り越えていくような、とにかく楽しい生活。

自分は、バドミントンしてガンプラ作れれば幸せだと思う。全力で生きてこられたと実感できれば幸せだと思う。

夢をもって、その夢にむかって、毎日をいきいきと過ごせる人生。

どんな失敗をしても、やさしく接してくれる家族や友達がいて、笑って暮らせること。

他人と喜び合ったり悲しんだり、たくさんのことを一緒に分かち合える人生。

いろんな人と出会って、最後には出会えた人たちの顔が思い出せる人生。

ふしあわせなことがあったとしても、そのあとに笑っていられる人生。

出会い思い出 思い出せないと思います…。

3 「学級通信」の役割・その3 「先生方に生徒を知ってもらう」

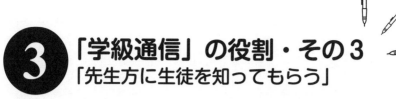

本校は，12年前に私が赴任した時，広島県で最初にできた，併設型の中高一貫校でしたが，現在は中等教育学校になって，高校からの生徒募集はなくなりました。

それまで勤めていたのは普通の公立中学校で，自分の学級通信は先生方全員に配っていたのですが，「さすがに高校の先生は読まないでしょ」と思い，この学校に来た当初は管理職と中学校所属の先生方だけに配っていたのです。その前に，昔は（というか，私がそれまでに勤務していた学校が？）のんきだったのか，学級通信というのは担任が書いて，印刷して配るというただそれだけのもので，内容も好き勝手（それぞれの良識に任せる）という感じでした。たぶん，あまりにも偏った内容や，誤字脱字が多かったりする場合には，個人的に管理職が注意したりする感じだったのではないかと思います。ところが，本校では，何か保護者に配るものは「起案」というものをしないといけない（現在ではどこの学校もそうだと思いますが)。一般的な書類には，事務主幹や事務長のハンコも必要なのですが，学級通信については，学年主任から教頭先生，そして校長先生のハンコがもらえればＯＫという仕組みになっていました。

ある日，いつものように起案を回すと，教頭先生から「学級通信は，高校の先生も含めて全員に配ってみては？」というコメントつきで返ってきました。「いやー，それはちょっと……」来た当時「高校の先生とは住む世界が違う」と思っていました。もちろん中学校の教員もみんな高校の教員免許をもっているのですが，長く中学校に勤めていると，頭の中のほとんどが生徒指導に占められてしまい，学問を追究しておられる（と思われる）高校の先生方とは求めるものが違う気がしていたのです。昨日まで「タバコが」「ケンカが」という会話の中で生きていた人間が，いきなり「ゼントーキジュツのことですけど」とか言われたら「は？　それ日本語？」と思いますよね。最初の職員会議では，話される内容の半分以上がちんぷんかんぷんで「私もいつか，このような場で発言できる日がくるのであろうか？　私がこの学校の役に立てることは何もない気がする」と思ったほどでした。

「たぶん，中学校の学級通信なんて読まれないと思うんですけど……」と教頭先生に言うと「いや，校長先生がぜひそうしてくださいとのことでした」というお返事が。ええっ？　そりゃ，断れんでしょう。なぜなら，中高一貫校初代校長であった有村憲一郎先生は，「私が出会ったすごい校長先生ベスト１」だからです。国語の教員のくせに「すごい」という表現はどうなのか，と思われるでしょうが，ひとことで表す言葉がないんですよ。「威厳がある」「畏れ多い」「先を見越して決断される」「何が必要で何が不必要か見極めたらすぐに行動される」「人をよく見ていらっしゃる」「最後の責任は自分がとるという覚悟がある」などなど，挙げたらキリがない（しかも風貌が北大路欣也っぽい）。……そりゃ，断れんでしょう？

当時，全国に併設型の中高一貫校がどんどんできていて，私たちも勉強に行ったりしたのですが，うまくいかない原因として「中学校と高校の教員の連携がとれない」という話を聞くことがありました。校長先生はそれを防ぐために，中高の垣根をなくそうとしておられました。中学生時代の生徒の姿を把握した上で，後の３年間をみる。学級通信もその手段の１つにしようというお考えだったのだと思います。今，「中高教員の壁をなくそう」という熱が少し冷めてきたのは，壁がなくなったためなのかどうかわからないけど，学級通信で中学生の思いを知ってもらうことは続けています。

ひとことアドバイス

有村校長先生は，2016年の初めに亡くなられました。退職されてからも，「先生，生徒はこんなに成長していますよ」と報告し，達筆な手紙でほめていただくのが楽しみだったのに。校長室の壁にかかった写真を見ると，いまだに背筋が伸びます。

Vitamin

広島市立広島中等教育学校
1年1組学級通信No.17
(H.27.7.24)水登伸子

入学してからの4ヶ月で

早いもので，入学してからもう4ヶ月たとうとしています。校外学習で何kmも歩いたし，♪シーラカンス♫も歌ったし…。今日まで，気持ちも体調も上がったり下がったり，ジェットコースターのような日々だったことでしょう。「先生は11年目だから，たいした変化はなかったのでは？」と思うかもしれませんが，「教師」という仕事は，人が相手だから，毎日が変化の連続!! ジェットコースターどころか，1日の終わりにはウォータースライダーのように（うはー）って なる日もありますが，また次の日には トコトコ登って行く…の繰り返しですね。（夏休みも，部活や応援団で大変。また真っ黒。。）

小学生の頃とくらべて，充実しているなぁと思いました。もちろん宿題は増えたけど，ダラダラすることが少なくなったと思います。友達も増えました。とても楽しい!! ＼(^^)／♪♪♪

授業を真面目に受けるようになりました。小学生の時は「簡単なのに，なんでこんなに繰り返してやるん？」と思っていましたが，今は「あっ，やばいっ，分からん!!」と常に思ってます。（泣）

肩が強くなりました。バスの中でかばんを背負ったまま，ずっと立つこともあります。でも中須の1つ前のバス停で乗るので，最近はずっと座れています。

バスの中で，もうふつうに宿題と自主勉ができるようになりました。ほかにないんですよ…（泣）

外周1周ダッシュが，あまりバテずにできるようになりました。30周できるようにがんばりたいです。

年上の人への言葉づかいがきちんとできるようになりました。体力がめっちゃつきました。本当びっくりするほどです。部活はすごいなと思いました。

ぼくは，電車のドア付近の高いところにあるつりかわにたうようになりました。今までは，低いつりかわしかなかったのに…。やったー!! 背が伸びたー。

私は，電車で寝てても，西条を過ぎることはもうなくなりました。体内時計がだんだんしっかりしてきて，西条に電車が着いたら目が覚め，「よし，降りよう」って感じです。もう，寝過ごしてパニックになることや，電車に忘れ物をしてパニックになることは，なくなりました。

帰りのバスに確実に乗れるようになったことですね。まずくつにはきかえてダーッシュ！その後は秘密です。

書写のお上がりができるようになりました。小学校の時は字のバランスがぐちゃぐちゃでしたが，植村先生の指導のおかげです。先生，ありがとうございます!!

入学したての頃，宿題をめちゃくちゃ忘れていました。連続で忘れた時は，「おこられる～!!行きたくない～!!」と思いました。でも最近は少ないです。

自分で起きたりできるようになったし，勉強方法を変えることができました。前とちがって，毎日コツコツということができるようになりました。夏休みの課題も，がんばりたいです。

私は，オープンな性格になったと思います。前までは，友達になんとなく話を合わせていたし，初めて会った人には話しかけられなかったけど，自分の意見も言えるし，他のクラスの友達も増えて，友達にも「変わった！」と言われました。

新しく好きな作家ができました。

高い声に慣れました。

実は6kgやせました。

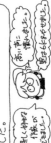

Vitamin

広島市立広島中等教育学校
1年1組　学級通信No.35
(H.28.1.15)　水登伸子

受検の思い出

検査を受けるから。公立の中高は「検」になるのです。

1/16(土)は、いよいよ本校の選抜の日です。今日の掃除の時間、「今ごろ、受ける子は大変だろうな～」と言ってた言葉が、去年の努力を物語ってました。良い後輩が入って来ることを祈りつつ…。

ものすごく緊張しました！　テストが配られてから、開始するまでの時間が、地獄のようでした。面接のときも、緊張しすぎて声がふるえました。
合格発表を母と見に来て、番号があったとたんに、飛びはねて泣いちゃいました。先生方の「おめでとう！」が、忘れられないです。

学校に入る前は緊張していなかったのに、いざ入ると、みんな面接のために、ちゃんとした服だったのに、自分だけ私服で「…ヤバッ！」と思いました。でも無事合格したのでよかったです。

母さんが早めに出すぎて、7:00に昇陽館入り……9:00までの2時間、一体どうすればいいのか？
小説読んで、勉強して…やっと2時間たって、問題を解き、面接も終え、帰りはシュークリームを買って帰り、家でクリスマスプレゼントをもらいました。

お弁当に入っていたキットカットを見て「え…。これ、持って来ていいの？」と思い、こそこそ食べたのを覚えています。
また、そのキットカットに書かれていた母さんからのメッセージは、とてもうれしかったです。

私はお姉ちゃんに「何がなんでも、面接のときには立て!!」と言われたので、みんな座って答えているのに、私だけずっと立って答えていました。今考えると、1人だけ変だったな……と思います。

受検の日の朝、頑張れるようにと大好きな歌をききました。試験は落ち着いてできましたが、面接が…。「受検番号」を「受検ばんぎょう」と、かんでしまいました…で。

前の日が誕生日だったので、「受検が終わったら、ケーキが食べられる！」と、わくわくしていました。しかし!!　受検が終わった自分を迎えに行こうとしたお母さんが、階段から落ちて骨折…。でも結果は「合格」だったので、その日は良いのか悪いのか…。

ものさしを忘れて、めっちゃあせりました。車で送ってもらい、母に「じゃあがんばってね～」「はーい」と言って、くつを脱いだとき、忘れたことに気づきました。先生に言って借りられたので、安心しました。

ぼくの面接のしけんかんは小みね先生で、今思うとすごくこわいです。

約1年前なのに、当日が雨だったことしか覚えていません。かなり勉強してのぞんだテストで、弁当のご飯に、のりで「ファイト」と書いてありました。

水筒にあったかいココアを入れてもらい、車の中で飲み、音楽でリラックス。お母さんが「余裕だね～。お母さんの方が緊張して顔が熱くなってきた～！」って…余裕な訳ないよ…。

去年の選抜の日、入口からふと見ると、陸上部の卒業生が、スーツを着て、部の先生として、「がんばれよ！」って言ってるのにビックリ。職員室で国語の特訓して、あまりのとんちんかんな答えに、「笑えて仕事ができん」と、先生たちに言われていたS君が～。この日一番のオドロキでした。

4 「学級通信」の役割・その4 「学級内の『世論』をつくる」

「〇組っていいなー」「私も〇組だったらよかったなー」生徒は時々こんなことを言います。その理由はいろいろだけど，やっぱり「安心してそのクラスにいられる」というのが一番大きいのでは？　よそのクラスの子にそう言われたら，ちょっと鼻高々。「へへ，うらやましいだろー」ということになり，「うちのクラスっていいクラスなんだ」となり，保護者にもその雰囲気が伝わり，家でも「〇組でよかったね」という話になると，もうそのクラスはほぼ安泰。誰もその「いいクラス」を壊す人にはなりたくないからです。本当は，どのクラスも均等に分けてあるはずなのですが，ちょっとした人間関係のいろいろなど，ボタンのかけ違いが大きな亀裂になることもあります。機械的に分けた集団がどっちに走っていくかは，小さなことの積み重ねによるものです。

担任としては，よい集団になるためのチャンスをできるだけ活かしたい。たとえば行事で優勝するというのは大きなチャンスです。合唱祭で優勝すると「自分たちのクラスが団結したからだ！」と生徒は思います。確かにそれもある。でも，それだけで優勝できるわけではありません。ましてや，体育祭や球技大会なんて，運動能力に秀でた子が多いクラスが有利に決まっているけど，生徒は「優勝したのは，自分たちが団結したからだ！」と思う。それはそれでいいのです。担任も一緒になって「団結力のあるクラス」という思いをもって最後まで進めばいい。だけど，そんなに都合よく行事で優勝できたりするものではありません。それでも「うちのクラスっていいクラスだな」とみんなが思えるためには，担任としてクラスに「世論」をつくらなければならないのです。

中学生というのは斜に構えたいお年頃です。また，斜に構えた生徒の発言力が強かったりすると，みんな「斜に構えた考え方が普通だ」と勘違いしてしまいます。勉強はサボるのが普通。先生なんて無視するのが普通。何かでがんばるなんてバカバカしいと思うのが普通……などなど。いったんそれがクラスの「世論」になってしまうと，「なんかおかしいぞ？　なんか苦しいぞ？　これでいいのかな？」と感じても，ひとりだけそこから抜け出すことなどできません。クラスの中でひとりだけ「いい子ちゃん」になるわけにはいかないからです。そして，先生たちもそういうクラスで授業をする時には，注意することが多くなり，おもしろい授業ではなくなってきます。授業中，嫌ーな雰囲気でいると，どこかのクラスから明るい笑い声がドッと聞こえてきて，「いいなあ，よその組は」と，ますます落ち込んでいく……そんなクラスにしないためには「みんなけっこうがんばってる」「みんなおもしろいこと考えてる」ということをどんどん知らせて，それを「普通」にすることが重要です。あー，ただ，この「おもしろい」というニュアンスが抜けていて，なんか「私たち，がんばりましょう！」みたいなすばらしい意見ばかりが載っていて「どうせきれいごとでしょ？」と思われてしまっては逆効果。大変失礼だけど，なんかうさんくさいっていうか。真面目な先生ほどそういう学級通信に陥りやすいけど，そこはセンスなんですよね（全くアドバイスになっていませんね）。

学級通信はクラスの世論を操作するマスコミの役目にもなります。「操作する」と言うと，聞こえは悪いですが，誰だって，がんばって結果を出したいし，ほめられたらうれしいし，安心して生活していっぱい笑いたいと思うのです。一生懸命やって失敗したりすることは，かっこ悪いことじゃないと思える集団に。学級通信が，そのための後押しをすると考えてください。

ひとことアドバイス

「斜に構える」といえば，小・中の教員が研修などで集まった時に感じる温度差，ありますよね。「これ，やってくださる先生は？」と講師に言われて，「はいっ！」と積極的に手を挙げる小学校の先生の姿に驚く中学校教員。生徒と同じで斜に構える校種なのか……。

Vitamin DX

広島市立安佐北中学校
3年1組　学級通信No.33
水登伸子（H.22.12.10）

家族の掟

12/10の道徳では，「パンの記憶」という資料を読んで，家族について考えました。そして，最後に，自分が将来作る家族には，こんな掟（約束事）を作りたい…というのを考えてもらいました。でも，それって，自分達が「こうありたい」と思っているものなんだから，今の家族でやってもいいんよね～。どうですか？　明日からでも！あっ，チェックシートHにも使えるよー。あなたの家族はどうかな？

- □ 3食のうち1回は，家族全員で。
- □ 「おはよう」「おやすみ」「行ってきます」「お帰り」「ありがとう」「ごめん」は言う。
- □ お互いに空気を読む。
- □ 暴言をはかない。
- □ 子供は宿題をやらずに学校へ行かない。
- □ 適当に返事をしない。
- □ お金や人づきあいのことで嘘をついてはいけない。
- □ 自分がされて嫌なことを，家族に対してしない。
- □ 「こうする！」と決めた大事な決定を，後で「やっぱりやめた」って投げ出さない。
- □ お互いの意見を最後まで聞き，尊重する。

- □ 守れない約束はしない。
- □ 人を幸せにすることをする！家事は分担!!（by 森川先生）
- □ 我慢して，何でも感謝する。
- □ 年上の人は敬う。
- □ むだづかいはしない。
- □ 自分に責任はもつべし。
- □ 月に一度は家族で団らん。（どこかに行ったり，家でのんびりトランプとか…）
- □ 幸せは，みんなで味わって，悲しいことはみんなで分けあう。
- □ 自分の意見が「絶対」だと思わない。
- □ ケンカは ほどほどに。
- □ お菓子はみんなで食べましょう！
- □ 規律は乱すべからず。
- □ 靴をそろえる。
- □ 自分のやりたいことは，はっきりと言うべし。

うちはどうかな？　結構できてるような気もしますが…。でも，むだづかいは…してます。自分に責任はもってないかも。「やっぱりやめた」もあるなあ。まっ，お互いさまだし。

ただ，本当に私がみんなに言いたいのは，「今の家族で暮らせる時間は短いよ!!（ほとんどの人が，あと3年よ!!）」ということと，「ひとりひとりが努力したり，思いやったりしないと，家族だってバラバラになるんよ!!」ということ。**ぜひ，この「Vitamin DX」をネタに，家族で会話をしてみてくださいね。**

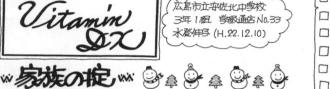

Vitamin

広島市立広島中等教育学校
1年1組 学級通信 No.31
（H.27.12.4）水登伸子

「ちゃんと勉強する」ってこういうことじゃないですか？

第3回考査が終わり、続々と結果が返って来ています。入学してから半年以上がたち、定期考査も3回目。模擬テストなどを加えると、かなりの回数のテストを受けてきました。

何度も言いますが、「結果」は「取り組み」の「結果」なんですよ。ここの学校に合格して入学している限り、

「自分はバカだから、いくら頑張ってもムリ。。」

は、ありえないんですよっ!!結果がともなわなかったとすれば、

①「頑張った」と思ってるけどたいして頑張ってない。
②「頑張り方」が間違っている。

……のどちらかです。

今回のテスト発表からの15日間で、1年1組の学習時間のTOP5は、第5位→76.5時間、第4位→82時間、第2位（2人）→85時間、第1位→94.5時間でした。ねっ、すごいでしょ。40時間や50時間で「頑張ったのに…。」じゃないのよ。まだまだ甘いな〜。

そして、「計画をきちんと立てる」→「振り返って修正していく」の繰り返しを、丁寧にやっています。この紙を毎日出すことで、それが確実にできる！だからこそ、表に赤マルつけたりしているのですよ。ひとりで走るより、みんなで走る方が苦しくないでしょう？

第3回考査　計画表

1年 1 組　番　名前

■テスト勉強の目標　＜目標学習時間＞合計 89 時間

予定以上の勉強をする!!

	日	曜	教科とくわしい学習内容		今日の反省	学習時間	合計時間	担任
14日	17日	火	社 ワーク 地 P.46〜51	理 完全学習 P.80〜90	勉強も時間も予定通りできた。明日もこの調子で頑張る	5 / 4		1時間超えだー!!
13日	18日	水	国 ワーク P.60〜63	英 ウィニング P.126〜134 解き直し	時間はできたけど、内容が追いつかない!明日頑張ろう!!	4 / 4	9 / 8	英語とかって時間かかるよね…。。
12日	19日	木	社 ワーク 地 P.52〜58	数 体系 P.4〜8	数学が難しかった。計画通りに進まないへ	4 / 4	13 / 12	わかる！どこで答え見るかのタイミング!!
11日	20日	金	国 ワーク P.64〜67	理 完全学習 P.91〜101	考査の勉強、少ししかできなかったー!!明日頑張る!!	4 / 4	17 / 16	いや〜それは忙しむ!!
10日	21日	土	社 ワーク 歴 P.8〜13	英 ウィニング P.140〜154 解き直し	集中してできたけど、あまりできなかった。	5 / 6	22 / 22	あれゃま—
9日	22日	日	国 ワーク P.68〜72	数 体系 P.9〜14	午後はほとんど自主勉できた。でも、ダラダラしてしまった。	9 / 9	31 / 31	さすが!!
8日	23日	月	社 ~~ワーク 歴 P.14〜16、26~~ ~~参考書 P.10〜13~~	理 完全学習 P.102〜117	できるところはできた。明日からテスト1週間がんばるー!!	9 / 9	40 / 40	早く帰れるよー。

■一週間の勉強を終えて
最初は、「計画、ぎっしり入れすぎたかな？」と思っていたけれど、意外と頑張って出来たので、良かったです。この調子（できれば これ以上!!）で、あと1週間、しっかり勉強したいです。頑張るぞー!
（その心ぐらいで1週間いいかも。）

	日	曜	教科とくわしい学習内容		今日の反省	学習時間	合計時間	担任
7日	24日	火	国 ワーク P.73〜77	英 ウィニング P.155〜169 解き直し	内容ができなかった。明日こそ、がんばる!!!	4.5 / 4	44.5 / 44	宿題もあるからね〜
6日	25日	水	社 ワーク 国 間違え ~~参考書 歴~~ ~~ステージ3~~	数 体系 P.15〜19	あ〜本当にできない!!明日は自主勉たくさんする!!!	6 / 5	50.5 / 49	立派に!!
5日	26日	木	国 ワーク 間違え チェック プリント（漢字）	理 完全学習 P.28〜39	内容も時間もできた。明日はもっとする!!!	6 / 4	56.5 / 53	すばらしい！ぜひ！
4日	27日	金	社 ワーク 地 間違え	英 単元テスト ミニテストの方	内容が早くできた！でも、少しダラダラしてしまった。	5.5 / 5	62 / 58	いや〜それも…がんばってるよ〜
3日	28日	土	国 漢字	数 体系 間違え	10時間は疲れた。テレビを見てしまった。今日は「う〜ん」って感じ	10 / 10	72 / 68	おっ！
2日	29日	日	社 過去問	理 完全学習 間違え	今までで、1番出来た!明日も頑張って、考査で良い点取ろう!!	10 / 10	82 / 78	すばらしいっ!!
1日	30日	月	国 チェック	英 チェック / 理 チェック	学校でやってたら、あまり出来た！考査頑張るぞー!!	6 / 5	88 / 83	最後のひとふんばり
考査	1日	火	社 チェック	数 チェック	社会の暗記を頑張った！数学も社会も良い点取るぞ!!	6.5 / 6	94.5 / 89	がんばれ—

■今回のテスト勉強の反省
勉強時間も内容も、今までで一番よくできたと思います。特に内容は、問題集などを2回以上することができたので、良かったです。（大切!!）

■第4回考査までに努力したいこと
次は、時間ではなく質をよりよいものにしたいです。そのために、「ダラダラする勉強」から「けじめのある勉強」に変えたいです。

■保護者の方から
クラブ活動などで遅く帰る事も多く、朝も早いけれど、出来る時にはしっかりと机にむかっている姿は素晴しいです！たまに机でねてしまう時もありましたが、取り組もうと頑張る姿はえらいと思いました。

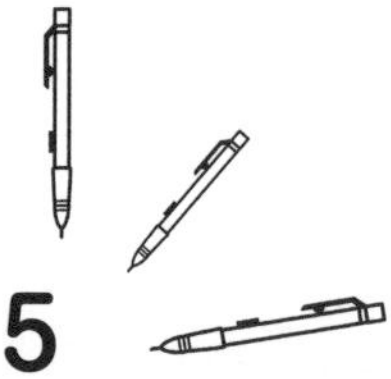

5 「学級通信」の役割・その５
「生徒・保護者・先生方に『私』を知ってもらう」

夏休み前の三者懇談。新しいクラスでしっかり保護者と話すのは初めてと言ってもいい機会になります。こちらは顔も知らない。だけど，なんか妙にお母さんがフレンドリーな感じ……その原因は学級通信だと思います。

週１回の発行と決めているので，７月の終わりともなれば，15～16枚は読んでもらっているわけで，お母さんからしたら私は「よく知っている人」なんですよねー。「先生も呉出身なんですよね」「先生って中学生の時，阪神のファンだったんですよね」そうそう。そうすると構えなくてもいいのです。

生徒はまあ，ある程度私の考えていることはわかると思いますが，たとえば行事に対する思いひとつにしても，しゃべるよりは文字の方がじっくり読めるかもしれません。何度も読めるのも学級通信のよいところだと思います。また，失敗談もいっぱい書いてあるので，立派な（？）反面教師としての役割を果たすこともできます。

そして先生方。特にこの学校に来て，あまり接点のない高校の先生や，事務・業務の先生方に私の考えていることを知ってもらうというのは，けっこう大きな意味があると思いました。事務室の先生方に「この前の学級通信，机にはさんであるんよ」と言われたり，警備の方に「こないだ佐渡裕さんのことを書いていたでしょう？　あの本，買って読んでみましたよ」と言われたりすると，なんかうれしいですよね。

ひとことアドバイス

３年前にトータルテンボスの番組が本校に来て，お調子者ぶりがバレたので，新入生やその保護者にも「先生のこと知ってます。テレビで見ました」と言ってもらえます。顔を見たとたんに「あっ！」と言ってクスクス笑う人もいます。

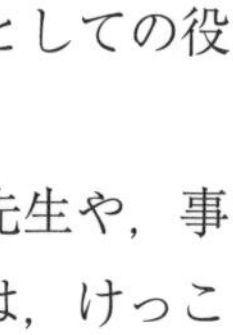

ひまわり SUPER

広島市立 安佐北中学校
2年2組 学級通信 No.10
水登伸子
（H.18.5.26）

合唱曲について思っていること

「え？野外活動直前なのに、なぜ合唱曲の話？」と思う人がいるかもしれませんが、大人でも子供でも「やらなければいけないこと」とはそういうもので、何かが終って何かが始まるわけじゃないんですよね。［A○——○　B○——○　C○——○］←仕事とは常にこんな状態。まあ今で例えると、A＝野活，B＝第1回考査，C＝合唱の取り組み，というところでしょうか。この他にも「試合に向けての練習」などが複雑にからみ合っています。

野外活動が終ったらすぐ、曲決めに取りかからなければいけないので、今のうちに私の思っていることを書いておきます。

私は合唱が好きです。自分が歌うのも好きですが、生徒が歌うのを見たり聞いたりするのも好きです。私が音楽好きっていうのは、今まで勤務したどの学校でもみんな知っていたので、これまでの合唱祭はいつもプレッシャーを感じていました。…というのも、どの学校でも合唱祭はコンクール形式になっていて、たいてい各学年で金賞・銀賞・銅賞が決まって、全校最優秀賞がたったのひとクラス…みたいな形のものがほとんどだったからです。「先生のクラスは金賞とるでしょ？」「最優秀賞ねらってるでしょ？」と言われることが**ズッシリ。**「そんな簡単なもんじゃないんだってばー!!」と思いつつも必死。だから、安佐北に来て審査がなくて、「あ～、伸び伸びやれる～♡♡」という感じです。

去年みんなは1年生。といっても、昇陽祭の頃はまだ小学生っぽかったかな？だから、私がみんなに求めたものは、基本のところだけでした。「練習はケンカしないでサッとやる」「大きな声で歌う」「ステ～ジマナ～を守る」まあ、そのくらいですよ。しかも、みんながどれくらいやれるか分からなかったので、曲も「1年生らしい曲ならいいや。元気に歌ってね♪」という感じで。実は、今年も最初は「2年生らしい曲でいくか～。」などと思っていたのです、野活のスタンツ練習を見るまでは……。（倒置法。）

しかし!! みんなの恐るべき底力を見てしまった今となっては、私の気持ちは変わってきました。はっきり言って「欲」が出てきたのです。2年2組のメンバーならひょっとして…みたいな。（ほんとスゴイわ…。）

欲（メラメラ）

- 去年ちょっとザワザワしながら聞いていた高校生たちを、歌の力でシ～ンとさせたい!!
- 能力と意欲のある中学2年生が、どこまで難曲を歌えるか、実験してみたい!!
- 卒業式の時、中学生の合唱というものに感動していた高校の先生たちを、もっと驚かせたい!!
- 「合唱とはこういうものだ」ということを、みんなに実感してもらってできれば1年の手本になりたい!!
- （実はもうひとつあるけどヒミツ）……たい!!

しかし!!しか～し!!! それを実現するためには、私が昔「う～む。3年で最優秀ねらいなら、この曲じゃね。」と思っていたような、ドラマチックな曲にせねばならず、みんなの日記に書いてあったような♪楽しく明るく歌おうぜ♫などという考えは、キッパリと捨ててもらわねばなりません。

どうする？2組？

Vitamin DX

広島市立安佐北中学校
3年1組　学級通信
No.45
水登伸子（H.23.3.11）

あれから

前回の『Vitamin DX』で、3/10卒業式の後のことを書いたのですが、そのことを書いた投書が、3/5(土)の中国新聞に掲載されました。人生初投稿〃なんでそんなことをしたかというと….

3/1の夜、しみじみうれしかったなぁ～と思い、まず、3期生が4年の時の学年主任だった山口先生と、4～4の担任だった西村先生に手紙を書かなきゃ！それと、前の有村校長先生にも、それから…と考えているうちに、いきなり「だったら中国新聞の『広場』に投稿すればいいのでは？」という考えが💡ひらめいたのです。今までそんなこと、したことなかったのに、なぜそう思ったのかは分からないけど。NIEが身近にあるからかな？

で、3/2に投稿規定を確認。500字以内か～。で、まず字数を気にせず書いてみる…と、げっ900字以上あるじゃん。どこを削れっていうの!? と思いつつ、削って削ってFAX～〃掲載確率は80%かな…と思ってました。なぜなら、

①最近イヤなニュースが多いので、いいニュースは必要なはず。
②卒業シーズンなので、卒業関連の話が載るチャンスは多いはず。
③3年前のオリジナルソングのことは、中国新聞が取材に来たから、その流れで…。

みたいなことを考えているうちに、これには他の效果もあるのではないか、と思ったのです。例えば、この春入学してくる生徒の家にて。おばあちゃんあたりが「あら？この『公立の中高一貫校』って、春から△△ちゃんが通う安佐北中じゃないの？」とか言って、その子が、「あっ、きっとそうだよ。」「いい生徒が多い学校で良かったね～。△△ちゃんも、こんな生徒になってね。」「うん、僕、がんばる！」→1年の担任（…もしかして私の可能性も）楽勝♡♡ みたいなー。（妄想バクハツ）

へっへっへー

3/5に掲載されてからは、いろんな人から「見たよー。」のメールや電話をもらいました。さすがに購読率高し！そんな中、他の中学校の先生からのメッセージには、「これこそ教師冥利につきる、ってヤツですね。」というのが多くて、「あ～、確かに～！」と思いました。（ある先生は、「年齢は必要ないよねっ。私の学校に取材に来た時に、年齢を言うのを拒否したら、担当の人が上司に怒られて泣きついてきたよ。」というメールをくれたけど…。）

多分、もう人生の中で二度と投稿することはないと思うけど、今回は二重にうれしいことがあって、さらにHAPPYでしたよ。

次回はナント！
最終号
だ～!!

まだ ずーっと 学校に勉強に来ている 3期生たちが 作って持って来てくれました。

三月五日(土)
中國新聞

卒業生からの歌に涙

教員　水登　伸子　51歳

私が勤務しているのは、公立の中高一貫校だ。3年前、当時中3の生徒たちが「自分たちの卒業式に別れの歌はふさわしくない」とオリジナルの卒業ソングを作り、歌って卒業した。

その生徒たちが高校を巣立った。卒業式の後、60人ほどの生徒が教職員室にやって来た。そして、あの時の歌を私たちの前で合唱してくれた。

歌詞の「卒業式は寂しい日じゃない　だってこれからも一緒だから」「青いリボンと青いネクタイが赤い色に変わるだけ」という部分を「毎日過ごしていくその場所が　少し遠くになるだけ」に変えて。

大学入試勉強の毎日の中で、中学校時代の担任を驚かせようとみんなで話し合っている姿を思うと、私は涙が止まらなかった。

共に過ごした6年間の最後に、こんなプレゼントをもらえるとは、なんと幸せなことだろう。

何をする時でも工夫し、協力して乗り越えてきた彼ら。ずっとその気持ちを持ち続け、さまざまなことにチャレンジする大人になってほしいと期待している。（広島市安佐北区）

私は鼻水も止まらなかった♡

私の歌声しっかり届いたか：I Love you.

（4日後に載ってたので）さすが先生！って感じ。仕事が早いよね（笑）

うちの答辞に触れてないんですけど♡

朝イチ読んでるよ
まあ水登先生らしいといえばらしいけん。
よほど思い入れがあった上に予想してなかったんだろう。泣くより驚いてたし

朝からお母さんと一緒に読みました。水登先生 かがやいてます☆〃

前日にせっせて練習して「ああ、こんな時代もあったな」と思い出されました。

Vitamin DX

広島市立安佐北中学校
3年1組　学級通信
NO.46
最終号だー
水登伸子（H.23.3.17）

卒業おめでとう!!

先週，この『Vitamin DX』を書いた時には，まさか東日本がこんなことになるとは思いもしませんでしたね。こんなことの連続で，人は生きていくのかなあ…。TVを見ても気持ちが暗くなるのであまり見なかったり。こんな気持ちになったのは初めてかもしれません。それでも，少しは情報を…と思って見た番組で，ある避難所（小学校）の様子が中継されていて，ついつい見入ってしまいました。

それは，校長先生がホワイトボードに図を描いて，いろいろ指示を出すのを，20人くらいの大人がメモしながら聞いている映像でした。その避難所では，逃げて来た人がいくつかのグループに分かれて教室にいるのですが，それぞれの室長を決め，リーダーである校長先生の指示を，そうやって伝えているということでした。

その光景自体はまさに，修学旅行の室長会議で，違うのは，みんなの命がかかっているということ。なんか，日本人って，小さい時から身につけてきた団体行動で，協力して復興していくのかと思うと，胸が詰まる思いでした。私たちはよく「団結」という言葉を使うけど，ひとりひとりが少しずつガマンして，リーダーの指示を聞いて，何かを成功させていく経験を積み重ねていかないと，いざという時に，団結して困難を乗り越えられないですよね。

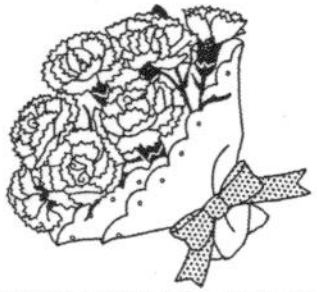

これからの人生で，胸がはり裂けるほどつらい思いをした時にどうすればいいのか，その方法を（私なりのだけど）最終号に書いておきましょう。

1. 心がついていかない時は，頭を使って，淡々とやるべきことをこなす。

結局，心を乱さずにいるためには，いつもの調子を形だけでも保つしかないのです。こういうのを「ルーティン」と言いますが，心がズタズタなが，脳みそにがんばってもらわなきゃ。また，何かを決断する時も「あれだけがんばって勉強して，きたえた脳みそで考えたんだから」と，覚悟ができます。

2. 人に甘えるクセをつけない。

「甘える」というのは，ニャーみたいなの以外にも，「相手の迷惑も考えずに感情をぶつける」なんてのも入ります。そういう人って，自分の直面した悲しみが，人に甘えるくらいではどうにもならないほど大きい時に，パニックになってしまうのですよ。

3. いろいろな人生を知る。

大人は，ほとんどの人が心の中に，悲しみや苦しみの塊をもっています。みんなの中にも，逆境に耐えながら学校に通っている人がいます。でもみんな隠して明るくふるまっているので，気づかないのです。それで，「私だけがこんなに辛い目に遭っている」と思い込んでしまうのですが，そんなわけないじゃろー!!　本を読んだり，映画を見たりすることで，「自分だけ不幸？」の思い込みから脱することができます。

4. 人からもらったうれしい手紙や，楽しい写真を持っておく。

悲しい時とかつらい時って，そのことだけでなく，「自分が生きている意味って何だろう？」とか，よくない考えがどんどん広がりますよね。そんな時，「自分がどれだけ大切にされているか」「自分にはどれだけ大切な仲間がいるか」を思い出させてくれるのが，手紙や写真。その時は気づかなくて，後でわかる人の気持ちというのもあります。

3年間楽しかったよ!!　またここからねっ！

COLUMN

球技大会と私

本校の球技大会は，あまり取り組む時間がなく，どちらかというと当日勝負。遠いところから来ている生徒もいるので朝練もできないし。でも，前任校までは球技大会前ともなれば，朝早く来て練習というのが普通でした。かくいう自分も中学校の時は，朝練やっていましたねー。あまりにも朝早く来すぎて「おまえたちには常識というものがないのか！」と担任に怒られた記憶があります。

校庭が使えない時には呉市特有の「練兵場」へ。いや，戦後も名前が残っていただけですよ。バレーとバスケは好きだったけど，ソフトボールが不得意で嫌だったなあ。だから，球技大会が憂鬱と思っている生徒の気持ちがわかります。動きが悪いのはやる気がないわけじゃなくて，下手だからどう動いたらいいかわからないんですわ。だから，生徒が朝早く来て練習していたら，できるだけつきあって自らムードメーカーになるようにしていました。失敗して「きゃー，ごめーん」と言えば性格のキツイ子も笑うし，下手な子も気が楽になるし。先生に「○○ちゃん，ナイスファイト！」とほめられれば，朝早く練習に来た甲斐もあるというものです。

第6章
「学級通信」のレイアウトを工夫しよう

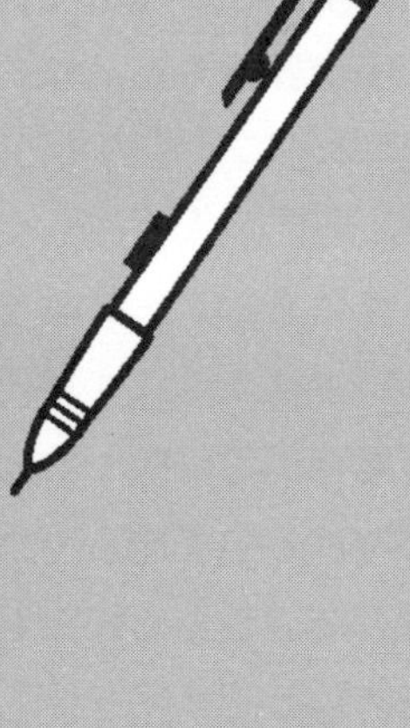

1 手書きにこだわるわけ

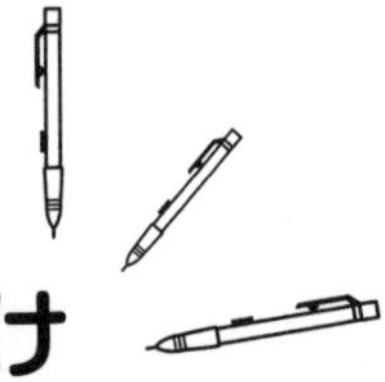

❶ 宝石のような手書きプリント

私の学級通信はずっと手書きです（国語の授業プリントも基本は手書き）。昔から人が書く字に興味がありました。すばらしい筆の字とかではなく，普通の生活で書く字です。学生時代はノート。女子の字は総じてきれいですが，男子の字は明らかに差があります。書道を習った字でなくても，なんか読みやすかったり個性がある字を書く男子には「おおー」と思っていました。

大学時代，ある院生（男性）が学会で発表する原稿の美しさに圧倒されたことがありました。それは手書きなのに，パソコンでいうところのフォントがうまく変えてあって，読みやすいという以上に魅力的な発表原稿になっていました。「こんな宝石のようなのなら大切に読むなあ」と感じたのが，「手書きの魅力的なプリントをつくりたい」と思い始めたきっかけです。

自分自身は小学校の時まで硬筆，毛筆を習っていて，まあまあ「きれい」と言われる字が書ける自信はあったのですが，なぜか中学生時代，先生から「これをプリントにまとめてくれ」と頼まれる傾向にあった私は，当時のボールペン原紙（若い人は知らないだろうなー）に書いた自分の字が情けないのに辟易していました。これならガリ版に鉄筆（もう誰もわかってくれないだろうなー）で書かされていた小学生の頃の字の方がマシだとも思いました。鉄筆で書く場合，下に敷く台に直角の細かい筋が入っていて，ものさしで引いたように書けるので読みやすい字になるのです。

そうこうしているうちに，ＦＡＸ原稿用紙なるものが登場。ついに普通の筆記用具で書ける時代がきました。そして，水性ボールペンも登場。油性に比べて紙へのひっかかり具合がいい！　５ミリ方眼のＦＡＸ原稿用紙は必需品です。

❷ ワープロは買いませんでした

世の中にワープロが登場し，普及していったのは，私が教員になって５年くらいたった時のことです。同僚が黒いアタッシュケースのようなものに入れて大切に持ち歩いていたのを覚えています。でも私は「血の通わないような字はいらん！」と思っていました。実際，しかたなくワープロを使わないといけない仕事だけ，学校の事務室にあったのを使ったくらいで，自分用のワープロは一度も買いませんでした。

それから数年後，ワープロのかわりにパソコンが普及していきました。校内でも使える人はごく少数という時代。当然私は「ワープロも必要なかったのに，パソコンなんぞ！」と思い，当時はまだＡＴＯＫが初期の頃で「パソコンは字を知らんばかものだ！」と思い，さらに「パソコンを使えるようになってしまったら負けだ！（きっと仕事がさらに増える）」などと思っていたのですが，けっこう早い段階で衝動買いしてしまいました。「パソコンの仕事を，できる人だけに押しつけるのは申しわけない」という弱気なＡ型らしい理由です。

だけど，「工夫を凝らした宝石のようなプリントをつくりたい」という気持ちは変わらないので，基本自分のプリントは手書きにこだわっています。あー，普通の大人が書くようなちゃんとした字も書けるんですけど，マヌケな雰囲気が出ないので５ミリ方眼紙の１マスに１文字のちょっと丸い字を定番にしています。題字と見出しはプロッキーの太い方で書きます。ずっと愛用していたサクラクレパスのデザイン用のペンがたぶん製造中止になったので。少し小さい見出しは呉竹のカリグラフィー用の５ミリのペンが便利です。

ひとことアドバイス

いろいろなおしらせや，表紙などを筆ペンで大胆に書いている先生がいらっしゃいます。それを見ると，筆もかっこよく使いたいなあと思うのですが，女だと本当に筆の腕がないと無理な気が……。男の人が「どうだ！」という感じで書くのは味があります。

Vitamin

広島市立安佐北中学校
1年1組 学級通信 No.42
水登伸子（H.24.2.24）

家庭科の衣生活かるた …笑える…。

（うぷぷ。）

小田先生の家庭科で、今年度勉強した『衣生活かるた』を作ったのを見せてもらいました。私、こういうのって大好き♥ 最近「時間がない！」「眠い！」「キーッ😠！」みたいなことが多い中、脱力系の笑いをもらってうれしかったのでご紹介します。

㋥いちゃんの服のセンスが超ダサイ

←う〜む。コレは衣生活の何を学んだのであろうか。やはりちゃんとコーディネートを考えないとダメってことでしょうか。でも、センスが良いと悪いって紙一重ですよね。

「先生」という職業は、意外に「チョーク汚れ」というのがめんどくさいものです。洗濯機で洗える服はいいけど、上着とか、スーパーで ハッ と気づいたらチョークの粉が…というのは「私は先生です」と言って歩いてるようなものです。→

㋵これはちゃんとおとそう

これは「弟に」ってところがポイント。妹だったら「いらん。」って言いそうだけど、弟だからこそかまわず着てくれる！→

㋧この絵のTシャツいらなくなったら弟に

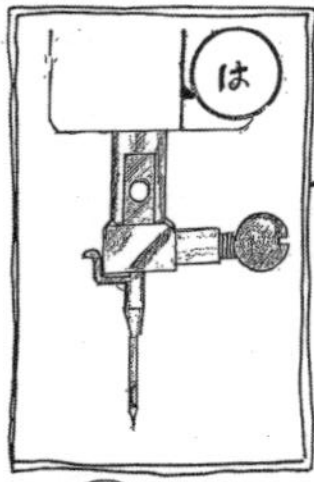

㋩針が正しくついているか確認しよう 裁縫ミシン

←私はミシンが大好き♥ 小学生のころは、母のお古の足踏みミシンを使っていましたが（気を抜くと逆回りしたりして大変。）中学生のころから電動ミシンを使い始め、今のは何年目かな？去年は、安佐北ソーランの衣装を何枚も縫いました。針は正しくつけよう。

あの、家庭科で作っているエプロン、かっこいいですよね。特に黒のをみんながつけていると、調理室がカフェに見えるぜ！（ほめ過ぎ。）→

㋡くってみよう！ひとつだけのMyエプロン

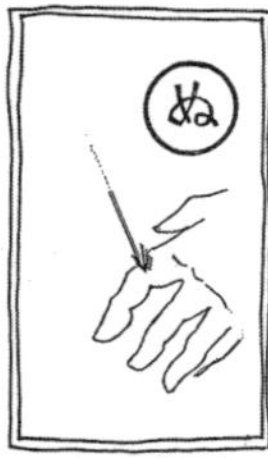

ぬ ぬばりを使って ぬうとなおロクなことねんだよ ミシン使え！ ミシン！ みっを

←ですよねー。指に穴あいたりするし。（指ぬきを使え）手縫いがきちんとできる人ってうらやましいです。私は、横着しようとして、しつけをかけずにミシンで縫い、失敗してほどくことがよくあります。

これ見て笑ったので、ちょっと筆ペンで書き直してみましたが、似てない…。…っていうか、これって言教ぞやった「著作権侵害」？まっ いっか〜。似てないから。（でも、みつをって書いちゃダメ）

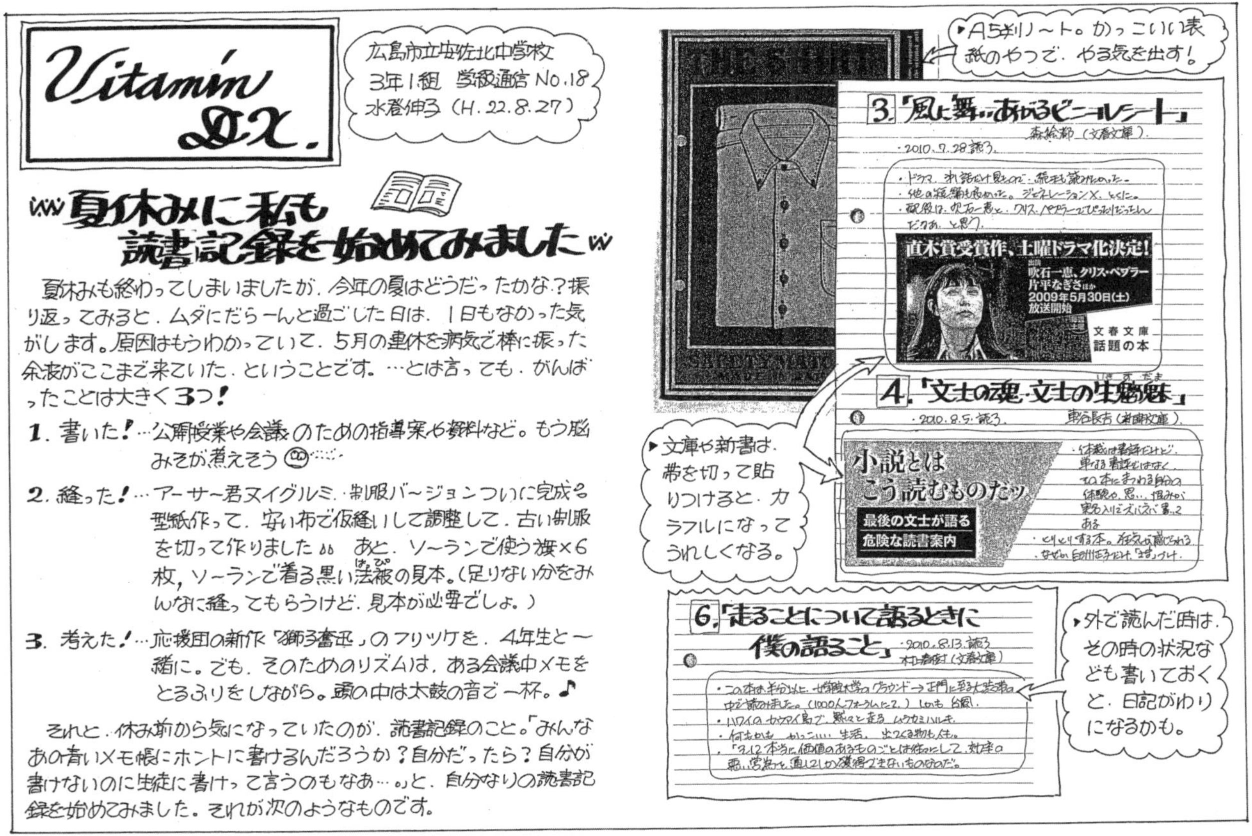

Vitamin DX.

広島市立安佐北中学校
3年1組 学級通信 No.18
水登伸子（H.22.8.27）

夏休みに私も読書記録を始めてみました

夏休みも終わってしまいましたが、今年の夏はどうだったかな？振り返ってみると、ムダにだらーんと過ごした日は、1日もなかった気がします。原因はもうわかっていて、5月の連休を病気で棒に振った余波がここまで来ていた、ということです。…とは言っても、がんばったことは大きく3つ！

1. 書いた！…公開授業や会議のための指導案や資料など。もう脳みそが煮えそう

2. 縫った！…アーサー君ヌイグルミ、制服バージョンついに完成。型紙作って、安い布で仮縫いして調整して、古い制服を切って作りました。あと、ソーランで使う旗×6枚、ソーランで着る黒い法被（はっぴ）の見本。（足りない分をみんなに縫ってもらうけど、見本が必要でしょ。）

3. 考えた！…応援団の新作「獅子奮迅」のフリツケを、4年生と一緒に。でも、そのためのリズムは、ある会議中メモをとるふりをしながら。頭の中は太鼓の音で一杯。♪

それと、休み前から気になっていたのが、読書記録のこと。「みんなあの青いメモ帳にホントに書けるんだろうか？自分だったら？自分が書けないのに生徒に書けって言うのもなあ…。」と、自分なりの読書記録を始めてみました。それが次のようなものです。

▶A5判リングノート。かっこいい表紙のやつで、やる気を出す！

3.「風に舞いあがるビニールシート」
森絵都（文春文庫）
・2010.7.28読了。
・ドラマ、第1話だけ見たので、原作も読みたかった。
・他の短編も良かった。ジェネレーションX、とくに。
・配役は、吹石一恵と、クリス・ペプラーでぴったりだったんだなあ、と思う。

直木賞受賞作、土曜ドラマ化決定！
出演 吹石一恵、クリス・ペプラー 片平なぎさほか
2009年5月30日(土) 放送開始
文春文庫 話題の本

4.「文士の魂・文士の生魑魅（いきすだま）」
・2010.8.5.読了。
車谷長吉（新潮文庫）。

小説とはこう読むものだッ。
最後の文士が語る 危険な読書案内

・体裁は書評だけど、単なる書評ではなく、その本にまつわる自分の体験や、思い、恨みが実名入りでズバズバ書いてある
・ヒリヒリする本。狂気が感じられる。
・なぜか、白洲正子だけ「さま」づけ。

▶文庫や新書は、帯を切って貼りつけると、カラフルになってうれしくなる。

6.「走ることについて語るときに僕の語ること」
・2010.8.13.読了
村上春樹（文春文庫）
・この本は、半分以上、女学院大学のグラウンド→正門に至る大階段の中で読みました。（1000人フォーラムにて。）しかも 台風。
・ハワイのカウアイ島で、黙々と走る ムラカミハルキ。
・何もかも かっこいい 生活。 出てくる物も人も。
・「真に本当に価値のあるものごとは往々にして、効率の悪い営為を通してしか獲得できないものなのだ。

▶外で読んだ時は、その時の状況なども書いておくと、日記がわりになるかも。

2 イラストや写真と組み合わせて

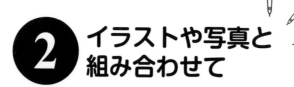

写真を載せると，学級通信が豪華になりますよね。本校は数年前にカラーの印刷機が入って，最初は畏れ多くて使えなかったのですが，１回写真を載せた学級通信をそれで刷ってしまうと，もう白黒の写真では満足できなくなりました。特に，青い空をバックに外で撮った写真。笑う生徒……楽しそうな学校生活に保護者が安心するポイントです。写真の載せ方もいろいろ。コメントをつけてみたり。冬にグラウンドが雪に埋もれた写真は，企画広報部に「受検生が少なくなるから営業妨害はやめて」と言われたことがあります。

行事で賞状をもらったら，教室の壁に掲示しますが，それは１枚しかないので，縮小コピーして学級通信に載せると，全員のものになります。学級旗や，教育実習の先生からもらった手紙などもそうです。

イラストは，もちろんどこかの素材を引っぱってきてもよいのですが，下手でも時々は自分で描くと味が出ます。これも「手書きの字」と同じで，血が通っているというか……。私は，絵を描くのは好きですが，全く知識がないので，縮尺とか遠近法とかは無茶苦茶です。

学級通信という１枚のプリントを，どのようにデザインできるかは，日頃そういうものをどれだけ見ているか，にもよると思います。スーパーのチラシで，毎回明らかに他より工夫がある店があって（色や分類，イラストなど）こういうのも勉強になるのですよー。

ひとことアドバイス

最初は，何かを図で説明するとか，棒人間から始めていくとよいと思います。棒人間はけっこう奥が深い！　ピクトグラムの看板をよく観察すると，顔を描かなくても手などのポーズだけで感情を表現できるものだなとわかります。

広島市立安佐北中学校
2年2組 学級通信
NO.42
水登伸子 (H.19.2.9)

ひまわり SUPER

PTCで恵方巻づくり

2/3(土)は、2年のPTCで「巨大恵方巻づくり」を行いました。『巻きずし』なんて、あっという間に終わるのでは？」という予想に反して、けっこう大変でしたねえ。机を廊下に並べて除菌するところまでは良かったけど、そこから先が……

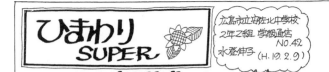

保護者の皆様、寒いのに朝早くからありがとうございました。つみれ汁もおいしくいただきました。昨年のバレーボール大会に引き続き、今年も大変楽しいPTCになりました。(サッカー部、ごめんね。)

日記より

太巻きはおいしかったです。完成した時は、「すごい!!」と思いました。家でも作ってみようと思いました。

楽しかった＋寒かったです。あそこまでうまくできるとは思っていませんでした。あの後部活で、足がガクガクになりました。ちなみに晩ごはんも恵方巻でした。

私はとても楽しくて良かったと思います。けど、私の親は「2時間もずっと立ちっぱなしで疲れたわぁ。」と言っていました。それでも、もらえる物はちゃっかりもらってたのを見て、抜け目ないなあと思いました。

太巻き作りは、失敗か？と思ったけど、結局最後には、みんな巻きすを持って巻けたし、食べる時しーんとなれたし、成功だった!! 食べる時、お茶がほしかったです。おもしろいから来年もしてください。

PTCは、すごく楽しかったです。いろんな人のお母さんが見られて良かったです。恵方巻は、夜も食べました。豆まきもしました。毎年、私の家の前は豆だらけで、近所の人にいつも「豆まきしたじゃろっ。」と言われます。

あんなに長い巻きずしを作るって、一生に一度のことだなあー、と思いました。とっても楽しかったし、しかもすごくおいしかったです。またみんなでひとつのものを作るのがしたいです。

私も最近、巻きずし作ってなかったけど、また作ってみたいなあ…と思いました。納豆巻もいいかも。

ひまわり SUPER

広島市立安佐北中学校
2年2組 学級通信
No.47
水登伸子
(H.10.3.14)

最終号は来週に。

週末じゃないけど
号外です！

今年の駅伝大会はおもしろかった!!

3月14日(火)の5・6校時は、1・2年生の駅伝大会でした。寒い、強い風と小雨の中、スタート。始まる前は、「さむいよ〜。」「雨ふれ〜。中止〜。」とかなさけないことを言っていたみんなでしたが、始まってみたら なんと!! 今回の体育委員会の企画は、ひと味違う。

2−2の結果は、まずAチーム「ポン酢」が3位でゴール。そして、最後となったB4−ム「光琳会」。私は、外の走路員だったので、「あ〜、もうすぐアンカーが来るなあ…。」と待っていると、派手な旗を持って走ってくる一団が…。そして「先生も一緒に走りましょう!」と言われたので、「当然よ!（だって、この坂を登るだけじゃん。）」と答えて走り始めたわたくしでしたが、途中で「だ…男子…速い。待ってくれえ。」状態に。それでもなんとか裏門を過ぎると、♪桜〜吹雪の〜サライ〜の空へ〜♫の曲が! 私らは、アンガールズかっ♪…笑えました。

「がんばれ安佐北」の旗をもって、栄光のゴール!!

田原君の後ろに髪だけ写っているわたくし。

2−2 B4−ム「光琳会」のアンカー安達君と、ゆかいな仲間たち。

駅伝なのに、ひとりで30周も走った(!)中3ゲストの元・体育委員長、福島君。

見事私達ポンズチームは、3位になり、とてもうれしかったです。走っている時は本当に倒れそうな気持ちで、最後には登りもあるのに、それを走り切った時は爽快でした。

駅伝は大変で、疲れたけど、全然去年より楽しかったです。2周はすごくきつかったけど、まわりの友達や、先生が応援してくれて、がんばれたし、うれしかったです。

最後はがんばりました。ちょっとしたパフォーマンスをやると、なかなかよい。多分、多くの人が今回の駅伝を見て、駅伝が好きになったかもしれないな。最高度★★★★☆

今年は音楽もあって、風もビュンビュン吹いて盛り上がりました。私が走る時は♪アスタリスク♫で、ワア〜ってなりました。あと、実況も良かったです!!楽しかったです。

キツかった…いやもうホント死にそうでした。最後の♪サライ♪は田原の演出の素晴らしさに感謝!!

最後の方、「サライ」が流れた時、1年も2年も一緒になって手を左右に振ってました。一体感あるなあと思って…去年のも良かったけど、今年は最高です!!

私はジャンケンで負けて、欠席者の分も2回走ることになってしまいました。「なんで、パー出したん。」と走りながら後悔したけど、走り終わった時「ああ、2回走ろうと思えば走れるんだ。」と思いました。

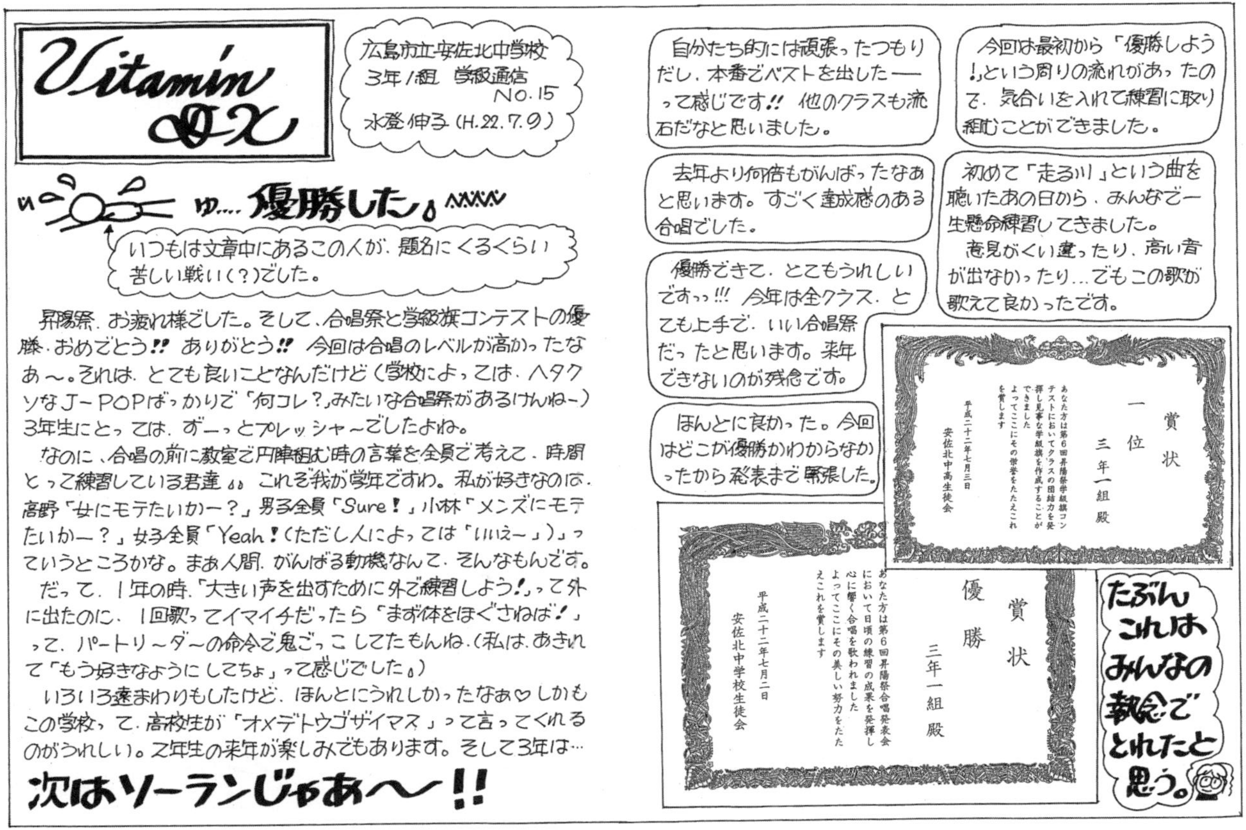

Vitamin 9X

広島市立安佐北中学校
3年1組 学級通信
NO.15
水登伸子（H.22.7.9）

いっ……ゅ……優勝した。

いつもは文章中にあるこの人が、題名にくるくらい苦しい戦い（？）でした。

昇陽祭、お疲れ様でした。そして、合唱祭と学級旗コンテストの優勝、おめでとう!! ありがとう!! 今回は合唱のレベルが高かったなあ～。それは、とても良いことなんだけど（学校によっては、ヘタクソなJ－POPばっかりで「何コレ？」みたいな合唱祭があるけんねー）3年生にとっては、ずーっとプレッシャ～でしたよね。

なのに、合唱の前に教室で円陣組む時の言葉を全員で考えて、時間とって練習している君達。。これぞ我が学年ですわ。私が好きなのは、高野「女にモテたいかー？」男子全員「Sure！」小林「メンズにモテたいかー？」女子全員「Yeah！（ただし人によっては「いいえ～」）」っていうところかな。まあ人間、がんばる動機なんて、そんなもんです。

だって、1年の時、「大きい声を出すために外で練習しよう！」って外に出たのに、1回歌ってイマイチだったら「まず体をほぐさねば！」って、パートリ～ダ～の命令で鬼ごっこしてたもんね。（私は、あきれて「もう好きなようにしてちょ」って感じでした。）

いろいろ遠まわりもしたけど、ほんとにうれしかったなぁ♡ しかもこの学校って、高校生が「オメデトウゴザイマス」って言ってくれるのがうれしい。2年生の来年が楽しみでもあります。そして3年は…

次はソーランじゃあ～!!

自分たち的には頑張ったつもりだし、本番でベストを出した――って感じです!! 他のクラスも流石だなと思いました。

去年より何倍もがんばったなあと思います。すごく達成感のある合唱でした。

優勝できて、とてもうれしいですっ!!! 今年は全クラス、とても上手で、いい合唱祭だったと思います。来年できないのが残念です。

ほんとに良かった。今回はどこが優勝かわからなかったから発表まで緊張した。

今回は最初から「優勝しよう！」という周りの流れがあったので、気合いを入れて練習に取り組むことができました。

初めて「走るい」という曲を聴いたあの日から、みんなで一生懸命練習してきました。
意見がくい違ったり、高い音が出なかったり…でもこの歌が歌えて良かったです。

賞状
一位
三年一組殿
あなた方は第6回昇陽祭学級旗コンテストにおいてクラスの団結力を発揮し見事な学級旗を作成することができましたよってここにその栄誉をたたえこれを賞します
平成二十二年七月三日
安佐北中学校生徒会

賞状
優勝
三年一組殿
あなた方は第6回昇陽祭合唱発表会において日頃の練習の成果を発揮し心に響く合唱を歌われましたよってここにその美しい努力をたたえこれを賞します
平成二十二年七月二日
安佐北中学校生徒会

たぶんこれはみんなの執念でとれたと思う。

Vitamin DX

広島市立安佐北中学校
3年1組 学級通信 No.21
水登伸子（H.22.0.17）

No pain, no gain.

いよいよ明日が体育祭本番!! いや～。ここまでよくがんばった！お互い…。だから明日は、悔いの残らない1日にしたいですね。

ついこの間まで、私の車の中は、コブクロの『CALLING』というアルバム（この中に、卒業式で歌う歌の候補が入っているから。気が早っ）か、AKB48の『ヘビーローテーション』（12月のPTAコーラスで歌うために、楽譜を書かないといけないから。ちなみにその時は、AKT（ASAKITA）48という名前にするか、裏ネームの、HKN（HEIKIN NENREI）48というのにするか迷ってます。）がかかっていたのですが、現在は『タマシイレボリューション』をずっと聞いて、気合いを入れています。

これは、体育祭の「World Cup 2010 in ASAKITA」のBGMでかける曲。梨紗パパからの「どうせWorld Cupをやるなら、ぜひかけてほしい」というリクエストをいただき、早速用意したんだけど、まー、朝っぱらから戦闘モードになること間違いなし！こんなのは、♪TOP GUN♪以来です。（古いね。）…ていうか、こうでもしないと毎日学校に来られないほどボロボロですわ。

今回の題の「No pain, no gain」は、最近気に入っている言葉で、「痛みなくして得るものなし」です。「こうでも思わんと、やっとられん。。」というのもありますが。この1週間もいろいろありました。ソーランのタワーのことでは「どうなってしまうんだろう？」と心配な時もあったけど、何もかもが「体育祭を成功させたい」という気持ちが強ければこそ、のことなので、そのpainは、gainにつながるのですよ！…と自分に言い聞かせる…。予行で走って足も痛いし。

放課後、自主的に練習している実行委員、昼休みを利用して演舞の確認をしている応援団の人たち、何も言わなくてもかかしの工夫をして、私達3人のバージョンにしてくれた人たち…。思えば3年生、いろいろな行事を乗り越えて成長してきたなあ…。

本番のソーランを見たら、たぶん泣く。練習の時もちょっとうっ。ときているので、下級生のタラタラした何人かをどなりつけて泣→怒に変換するというワザを使っているわたくし。

私は大人だけど、精神的には日々成長するところがあって、今年はオープンスクールあたりから「何もしなければ何も起こらないんだ」ということをずっと感じてきたわけですが、体育祭の取り組みでは、それに加えて、「苦痛を乗りこえないと良いものは得られない」ということを、心の底から感じました。

みんな！当日は輝こう！

（未然形）（勧誘の助動詞）

今年の体育祭のテーマのTシャツを着ている、応援団担当の先生たち

この写真を撮ってくれた森川先生。「ハイ、チーズ！」って…後ろ向きなのに…。

舟橋先生。応援団指導の時も、めっちゃコワイ。私は、夢で怒られたことがある。

奥田先生。ひとりで歩いてると「子って、何?」と思われる。

沖本先生。予行で日に焼けて真っ赤。

わたくし。新しい振りつけ「獅子奮迅」もお楽しみに。

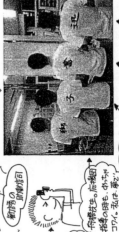

Vitamin めえ。
受験生の教室
私は、6－1（飯田ルーム）の教室で、6年生の国語表現の授業をしています。このクラスに来るといつも「あ～ やっぱり中学生と高校生の生活って違うなあ…。」と思います。特に勉強に対して。
中学生の場合、何かを積み上げるイメージですが、高校生の場合、ゴールが決まっていて、そこに向かってひとつひとつクリアしていくイメージ。それが、教室自体から感じられるのです。
その理由は、後ろの黒板（3－1でいう学級旗があるところ）ここに、担任である飯田先生のメッセージがつまっています。授業中、6年生がし～んと作文を書いているのをいいことに、ノートに写してきたのでご紹介します。
放課後写真撮りに行きました。
黒板
これは横の壁に貼ってあったのです。
広島市立安佐北中学校 3年1組学級通信No.24 水落伸子（H.22.10.7）
カレンダー
模試や考査のところにシールが貼ってあるけど、その数が膨大。。
今ここらへんです。
6年生ってここまでなんだね～ 3/1。。
自分の「弱さ」が試されるようになりますが、もうやるしかありませんね！
"Heaven helps those who help themselves."
（天は自ら助くる者を助く ―― やった者が報われる ――）
めっきり涼しくなってきました。
☆受験生「夏の陣」
外堀を埋め、そして内堀も埋め、有利な戦闘態勢を築け！
☆受験生「冬の陣」〈決着をつけろ！〉
※中学は「冬の陣」が先です。念のため。
あれま。
生徒のラクガキ
さすがは社会科の先生。
黒板全体に担任の情熱があふれてます。♥
飯田先生のつもり。
受験って確かに、ひとりだけど、実は、友達との励まし合いって大きいよ。
なぜか、生徒が書いた色紙がある。
ブルー
オレンジ
書いてあるのは…
「進む？戻る？どうせ足を動かすなら前へ出した方が得でしょ♥」
「いつも笑わせてくれてありがとう。」
このプリントがおもしろい！
「2009～2011年版 希望進路実現への道」という題で、次の4期に分けていろいろやるべきことが書いてあります。
〈第1期〉5年生冬休み～3月
〈第2期〉6年生4月～6月前半
〈第3期〉6年生6月後半～8月
〈第4期〉6年生9月～
そして、その時期が終わると、そのアドバイス全体にパターンと 済3 のシールが貼られるんですよ～！
「もう、この時間は、とり返しがつかんのじゃあ」と思い知らされるようなシールが。。
「叫び」
ここの部分に何が書いてあるかというと……
第4期
「真の不安や緊張は、頑張る人間だけが感じとることができる。君たちは人それぞれだが、みんなそれぞれに頑張る人間として、この時期の不安や緊張を共有しなければならない。」

COLUMN

卒業式と私

本校は中等教育学校になって中学校段階の卒業式がなくなりましたが，これまでは併設型中高一貫校だったため，中学校の卒業式があって，次の日からも会えるのに，なぜか感動の卒業式になっていたのです。

３期生の担任をしていた時，卒業式で何を歌わせようかと夏休み前に考えていて（先を見通す女だから）「卒業＝さようならという歌詞は，本校の実態に合わないなあ」と思ったのです。「いい歌がないならつくるか……」そう思った私はまず夏休みの宿題で，中学生活を振り返る詩を全員に提出させました。その中のフレーズをうまく使って歌詞が完成。それを提示し，「この中のワンフレーズでいいから曲をつけなさい」「数人のグループでそれを歌いに来なさい」で，全員の歌声を録音。その中から使えそうなメロディを組み合わせて曲が完成。このようにしてオリジナルの合唱曲をつくり，彼らはそれを歌って卒業したのでした。新聞やラジオにも取り上げてもらいました。

３年後。大学入試の勉強の合間に，彼らは集まって秘かに練習したらしく，高校の卒業式の後，職員室にどどどっと入って来て，その曲を歌ってくれたのです。……号泣‼　でした。

第7章
「超・学級通信」を出そう

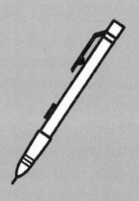

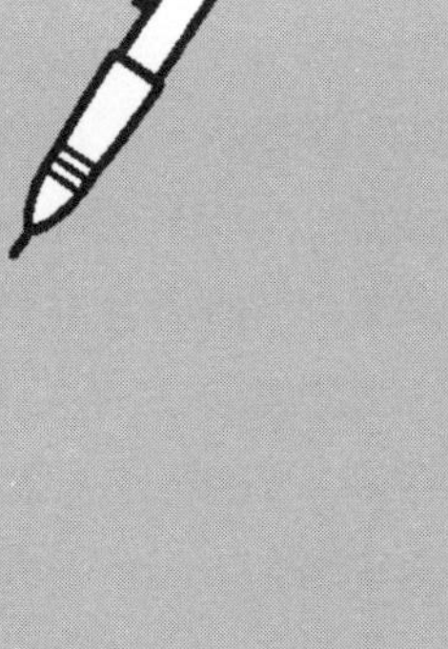

1 学級から学年へ

❶「学年通信」の係になってみよう

ここまで書いて思うのは，結局「お題日記」の返事も「学級通信」も，私から生徒（あるいは保護者）への短い手紙のようなものです。それを書き，読むことによって，より深くお互いのことを知っていく。でも，３月になればクラス替え。クラス替えの時って「あーあ，せっかくここまでうまくやってきたのに……」という軽い喪失感のようなものがありますよね。私も前任校まではそうでした。

ところが，今の学校に転勤してきて最初の９年間は１学年２クラス。当然授業では全員見ているし，「うちのクラス」というより，いつも80人の学年単位でものを考える癖がついてしまいました。今は30人の４クラスですが，やはり学年単位で伸びていきたいという思いは変わらず（特にうちの学年は「学級王国」みたいにする担任がいないこともあって）。彼らが１年生の時，私は自分のクラスの学級通信と学年通信両方書いていました。それまでは副担任が書くことになっていたのですが，新採用の先生だったので「前期ぐらいまでは私がつくるから，後期はそれをヒントに書いてね」ということで。

学年通信はパソコンで１か月に１回作成。生徒の意見は，各担任から「あゆみ」，行事の感想などをもらって載せていました。学年通信は主任が書くという場合が多いと思いますが，担任だから気づくということもあると思うんですよね。私は，学年主任になって外との交渉をしたり，学校全体の会議に出て発言したりするよりも，担任団のリーダー（だって12年もいるんですよ）として学年の先頭に立ったり，生徒に話をする方が得意なので，よけいにそう思うのかも。

PROGRESS

広島市立広島
中等教育学校
第１学年

平成２７年
９月号

夏休みに得たものは？

今年の夏休みは、去年までとずいぶん違った印象を持ったのではないでしょうか。まず「短かった！」そして「部活と宿題に追われた！」

でも、これこそが「あたりまえの充実した夏休み」なのです。小学生の頃と同じように、遊んでゴロゴロするだけの夏休みを過ごした人は、今から痛い目にあうと覚悟してください。

個人個人、夏休みに得たものは違うと思いますが、私が「おおーっ！」と思ったのは、「東大オープンキャンパス」に行ったときのことでした。大学のオープンキャンパスは、２年生から参加することができます。

今年の「東大オープンキャンパス」には、２・３年生あわせて１６人が参加しました。「まだまだ先のことだし、東大なんて行けるわけないじゃん」「今から東大を見に行ってもねえ…」と思うのは普通の感覚ですが、これがなんと！　そうじゃなかったんです！　参加した生徒たちの得たものは、大変大きかったと思います。

もちろん、実際に東大の学生を見たり（普通に部活して、本を読んで、食堂でラーメン食べてました。あたりまえだけど。）模擬授業に参加できたのも良かったのですが、この春東大に入学した本校の卒業生の、嵐谷君と清水君に、ホテルまで来てもらい、いろいろな話をしてもらったことが、とてもためになりました。数々の名言から抜粋してみましょう。

・毎日復習することが大切。やったそばから固める癖をつければ、勉強体力がつく。

・習って知って、時間がたってからまたその知識を取り出せる喜びがある。

・集中力は切れるもの。キリのいいところまで頑張って休憩するか、集中力が切れたら、勉強する教科を変えるという方法もある。

・（中高生時代）土日の部活はきつかったが、勉強のために部活をやめても、結局はできない。午前中部活で午後から勉強できると思えば、ダラダラせずに済んだ。大学では、博士とかもちゃんとバドミントンをやっている。

・１日１Ｐもただ書くだけではだめ。授業の復習を普段やっておけばテスト週間にやることはないはず。そこで、授業を越えた内容をやる。

・始発で朝早く来て、教室で勉強した。ルーズリーフをポケットサイズに切って、どこでも勉強するようにしていた。

・「ミスノート」を作っていた。模試などで間違えた問題だけを集めたノート。めんどくさいけど、書きながら覚えられるし。１日１Ｐを「作業」にしないこと。読みながら書くとか工夫しよう。

・英語は文法がきらいだったから、文章を読みながら身体で覚えていった。わからなくてもどんどん英文を読む「ひとりＥＲ」をやっていた。今思うと、文法は「マナー」。変な文法でしゃべったら相手に失礼。

・理科って美しい。たかが記号で世界が表せる。

・苦しい方が楽しい。ちょっとやっただけで何かができてもうれしくない。全然できなかったことができるようになったらうれしい。人間は幅が広い方がいいし、いろいろな引き出しが必要だ。

１年生関連９月の主な行事予定

日	曜	行事	デリ	食パ
１	火	７ｈソーラン練習（体操服必要）	○	○
２	水	５ｈソーラン練習（体操服必要）	○	○
３	木	７ｈ体育祭全体練習（体操服必要）	○	○
４	金	３・４ｈ体育祭学年別練習（１・４年）（体操服必要）	○	○
７	月	諸費引き落とし日	○	○
８	火	７ｈソーラン練習（体操服必要）	○	○
９	水	３ｈから体育祭予行練習（体操服必要）	○	○
１１	金	午後から体育祭準備（念のため体操服必要）	○	○
１２	土	体育祭	×	○
１３	日	体育祭予備日（この日が体育祭なら食堂パンあり）	／	／
１４	月	９月１２日の振替休日	／	／
１６	水	全校朝会	○	○
１７	木	月曜日課	○	○
２８	月	試験週間開始	○	○

９／１５・１６は、デリバリー給食がありません。注意しましょう。

◎あっという間に第２回考査はやって来ます。しかも今度は９教科なので、第１回よりもさらに多くの時間が必要。９月はシルバーウイークがありますが、しっかり学習計画をたてて、メリハリをつけましょう。

❷ 授業でクラスをつなごう

これは国語科の特権と言えることかもしれませんが，授業で書かせた作品を学年全部に配って，学年の生徒たちをつないでいくという方法があります。「へえ，○組の△△はこんなことを考えているのか」とさわぎになったりして，なかなかおもしろい。生徒に「先生，僕らのクラスにも早くあのプリントをください」と言われて，なぜあのプリントのことを知っているのか聞いてみると「部活で『あれ，読んだ？』と話題になったから」とか。この現象は，ラジオでリクエストはがき（今はメールだけど）が読まれるのと同じような感覚ですね。先生はＤＪで。

本当はそれを「国語科通信」と名づけて，いろいろなコーナーもつくって定期的に出せたらよいのですが，今の私には時間的に無理だなあ。だから，何かの教材で「自分の考えを書く」という学習活動をした時には，たいていそうやって学年全部をつなぐように心がけています。

余裕があったら，生徒が書いたことにコメントをつけてプリントにします。これは，「お題日記」の返事のようなもの。次に紹介するのは，高校３年生で「舞姫」を学習した時のものです（実際には名前が入っているのでさらに「あいつが？」とおもしろいのです）。

ああ，余はこの文を見て初めて我が地位を明視し得たり。恥づかしきは我が鈍き心なり。逆境で決断できない豊太郎。もしあなたがこの立場なら？

> エリスを切り捨てる。ここでこの決断ができない人間は，この先の人生で勝ち続けることができないのだから。もし切り捨てないのなら，狂気の道を進むのみ。（今）←私は「狂気の道」って嫌いじゃありません。

> この仕事ができているのもエリスといろいろあったおかげなので，エリスと一緒に幸せに暮らす。仕事は辞めてもいい。（浮）←このあいだ，

豊太郎の気持ちを「それは俺の子か？」と答えて全世界の女子を敵に回したUくん。これで好感度アップ？

日本男子たるもの，義理を貫かなければならない。だから，たとえよい仕事が回ってきても，エリスの負担にならないよう，エリスと相談してから決めないといけないし，彼女がいることは幸せだと実感したい。（続）←日本男子たるもの，親友の相沢への義理かと思ったら，エリスへの義理？

こっそり日本へ帰る。（藤）←おいっ！

エリスは学をつけたとあったので，今のうちにエリスの仕事をさがしておく。日本に戻った後，大臣にドイツ方面の仕事を頼む。その仕事があってもなくても，子供が生まれる前にドイツに帰り，子供が生まれたらエリスと相談。（ＫＯＢＡ）←「いったん帰る」と言った時点で「子供が生まれるまでは一緒にいてちょうだい！」「俺を信じないのか？」とか言い争いになったりするんじゃないのかなあ？

才能があるんじゃけ，ドイツで出世して，エリスとドイツで暮らす！何があっても自分の赤ちゃんが生まれるまでは，エリスの側についていないとダメ。というか，生まれたら，絶対自分の子供見たら，愛しいと思うはず。それでもエリスを捨てたいと思ったら……もう人じゃないでしょ。（三）←ほらねー。こばー。

ドイツに帰って，手紙の件はスルーして，一緒に住もうとしますね。子供もいるし，母もいないし……。（将）←この「母もいない」というのがどっちに転ぶかよね。母を裏切ってしまったことがずっと心に引っかかって「やはり出世を！」って思うのか？

やはりこの状況では，どう考えても仕事をとると思う。せっかくつかんだチャンスを，ひとりの女のために無駄にするのはもったいない。仕事は裏切らないけど，女は裏切る可能性がある……かな。（海）←確かに仕事は裏切らないかもしれないけど，仕事にかかわる人間に裏切られることがあるんですよねー。

旅の恥はかき捨て。エリスはあきらめて大臣に従おう。ヤンデレのエリスにからまれるのはかんべん。中途半端だと殺されそう。（祐）←だから中途半端にせずに，あえて自分もヤンデレになってしまうのはどうでしょう？

これは，テーマにかかわる部分じゃないだけに，みんな自由に書いています。この学年は，中学校３年間国語を教えた生徒と，他の中学校から進学して来た生徒が混じっていて，また高校２年・３年と国語を教えました。

この人たち，高２の夏目漱石『こころ』も感情移入して「うわー，それはひどい！」などと，まるで小学生のように読んでいたのですが，『舞姫』もしかり。豊太郎とエリスがまだ幸福の絶頂の時，彼らのひとり（一番ごっつい男子）が「この話，この先不幸になるんだから，ここで終わればいいのに！」と言った時には，高校生をここまでのめり込ませる森鴎外先生，「さすが文豪！」と思いました。

❸ 学年の先生を巻き込んでみよう

自分のことも生徒にわかってほしいけど，学年の先生のことももっと紹介したいなあと思うことがありますよね？　「あの先生は生徒には厳しくしているけど，職員室ではみんなのことをすごく心配している」とか「あの先生はああ見えて，こんな特技がある」とか。生徒は，先生たちの仲がいいとか悪いとかいうこともけっこう敏感に感じていて，まあ仲があまりよくない時は，仲の悪さを悟られないようにするくらいが精一杯ですが，仲がいい時にはいろいろな企画に学年の先生を巻き込むこともできます。

次に紹介するのは「学年通信」ではないけれど，学年の生徒全体に配って先生たちのことをもっとよく知ってもらったという企画です。これは自分の所属する学年ではありません。本校がまだ各学年２クラスずつの時，私は違う学年所属でありながら，この学年の国語全部を教えていて，自分の中では同じくらいかわいいと思っていた生徒たちです（その後，卒業式の時も，担任サプライズのサポートを頼まれ，仲間のひとりとして暗躍したりしました)。その国語の授業で，生徒に「夏の短歌」をつくらせた時のことです。

その学年の先生に，できた短歌集のプリントを配ると「これいいなあ」と言われたので，「じゃあ先生方もつくってみますか？　私もつくるんで」と話が進んだのです。その時の担任２人は理科と数学。ま，少々下手でも許される教科ですよね。しかし私は国語。一緒に詠んで「理系の先生の方がうまい」ということになったらどうしよう？　しかも，こういうの，実は苦手なんだなあ。……などとぐずぐずしている間に，担任の先生がちゃちゃっとつくってきたのが，なんと恋の歌ではありませんかっ。ええー？　こりゃあもう，なりきって返歌するしかないでしょう（「するしかない」ということでもないと思いますが)。で，かっこいい写真をつけてできあがり！　印刷して，学年の生徒全員に配りました。いや，短歌の内容がどうこうじゃないんですよ。生徒はプリントにくぎづけ！　そこにポイントがあるのをお忘れなく。次に紹介するのはその一部です（私の解説もあわせて)。

おきまりの　線香花火の勝負する　見つめる先は　違うけれども

ええええっ？　天才ですか？　この歌は，好きな子と線香花火をしていて「最後の火球をどちらが長く保てるか」というおきまりの勝負をしている様子を詠んでいます。彼女はじっと火球を見つめているけれども，作者はそんな彼女の姿をじっと見つめている……というね。きゃー！　返歌しちゃえ。

知ってたよ　花火を見てないことくらい
負けても悔しそうじゃないもの

あら？　私もけっこうＹＤＫ（やればできる子）じゃない？

すいかわり　友達となら　割るとき　おりゃ
彼氏とするとき　かわいく　えいっ

すいかわり　えいっとか　カワイコぶったのに
当たった瞬間　思わず　うおっしゃー！

かきごおり　おれはいちごでおまえメロン
食べてベロ出し　ピッコロか！　おまえ

ふふ実は　ホントのピッコロだってこと
バレないようにメロンにしとく

2 学年から学校全体へ

❶ 教員の随筆集を出そう

本校では，１年に２回「峰にのぞむ」という国語科教員の随筆を集めたプリントが発行される……と言うと「なんて高尚な！」と思われるかもしれないですが……そうでもないですわ。いや，最初は「峰にのぞむ」という題名から推し量るに，生徒に「文章を書くとはこういうことだ」という手本を見せられるような，すばらしいものだったのかもしれません。私も転勤当初は「高校の先生というのはそういう文化をおもちなのだなあ」と思い，感銘を受けた本について，気どって書いたような記憶があります。

ところが，なんとなく途中から趣が変わってきて，国語科教員それぞれの特徴があからさまに出てき始めました。そして，テスト返しの残りの時間，それを配ると，教室で読む生徒が笑いをかみ殺している……そんな随筆集になって今に至ります。いや，ちゃんと高尚な文章も入っているんですけどね。

シリーズもののようになっている先生もおられて，生徒は読むのを楽しみにしています。私は90％以上が学生時代や昔の生徒の思い出話。書いてみると，よくネタが尽きないと思うほどいろいろあったなあ。

この「国語科の先生たちからの手紙」とも言える「峰にのぞむ」のよいところは，それを読んだ生徒が，先生ひとりを選んで，感想を書くというところです。テスト返しの残りの時間だけでは読みきれないので，感想を書くのは宿題になります（Ｂ５程度の用紙に）。それを授業担当者が集め，先生ごとに分類して渡していくというやり方です。

「○○先生へ」と書くのだから，感想というよりも手紙ですね。もちろんかかわりの深い先生には書きやすいでしょうが，全く知らない先生にあてて「はじめまして。僕も実は，先生と同じような経験をしました」などと書いてきます。たくさん感想がくると，ちょっとうれしかったりして。生徒の方もいろいろ考えるらしく，「今回の内容，先生にはいっぱい感想が集まるだろうなー，他の先生に書こうかなー……と思いつつ，やっぱり先生に書きます」などと書いてあるのもありました。新しく授業担当になった時も「え？先生があの『おひとり様シリーズ』をいつも書いていらっしゃる先生だったんですね！」というように，すでに「知っている先生」になっているのです。そして，かなりの数の生徒が，持って帰ったついでに保護者に見せていることも判明しました。

私は以前，高校の部活の合宿で「金太の大冒険」を歌わされたエピソードを「峰にのぞむ」に書いたことがありました。その１か月後の「全校保護者情報交換会」で「先生方への質問コーナー」があり，「数学の先生に勉強のしかたを教えていただきたい！」「３年生の状態はどうですか？」などの質問がどんどん続いた後，いきなり「水登先生の好きな歌はなんですか？」という質問が！　意表をつかれて「えーっと……」と考えていたら，全く知らない保護者から「『金太の大冒険』でしょ？」と声が上がり「このあいだ読みましたよー」と。ハズカシー！　あのエピソードを読まれていたのか！ま，結局歌ったんですけどね（その方が恥ずかしいわ）。その時に「これはかなりの保護者が『峰にのぞむ』を読んでいるな……」とわかったわけです。

もちろん，知らない先生の文章はとばして，かかわりのある先生の文章だけを読み，感想を書くという生徒もいますが，学級通信で言うと「クラスの生徒や保護者に自分を知ってもらう」が「全校生徒とかなりの数の保護者に自分を知ってもらう」になるのです。

国語科以外の教科では，書くきっかけ（というか理由）がないので難しいかもしれませんが，何かそういうものもできるのではないでしょうか。校長先生の書く学校通信もよいけれど，もう少し先生方と全校生徒の距離を縮めるような何か。次に紹介するのは，2016年度の夏号の内容と，生徒からもらった返事の一部です（生徒からの返事は，号ごとにファイルしています）。

笑う・笑わせる

水登伸子

私は笑うのが好きだ。小さい頃は必ず土曜日昼の「吉本新喜劇」で船場太郎が「初めまして。せん・ばたろうです」と言い，原哲男が「誰がカバやねん！」と言うのを，笑い転げて見ていた。

そして笑ってもらうのが好きだ。小２から「お楽しみ会」の劇の脚本を書いていた私であるが，小６の時にドタバタのコメディを書いてみたくなった。その中の，ある男子を２人の女子が奪い合うというシーンで，お父さんのいらないＹシャツをもらって，腕のところのミシン目をほどき，荒い手縫いでくっつけて，両側から引っぱったら袖がバリッととれるようなしかけの衣装をつくった。クラスも担任も大ウケ。あのまま脚本家の道を進んでいたら，今頃は，宮藤官九郎を超えたかもしれない。

昇陽祭の時の「ももクロティーチャーズ」の小芝居も，毎年５月くらいから車の中でずっと考えている。ピンク・レディの年は，100均でラーメンどんぶりを買い，中竹先生に「渡る世間は鬼ばかり♪」のテーマまで弾かせて「(泉)ピン子レディ」だとか，平成と昭和ジャンプの年は，「俺たちの時代じゃね？」を連呼して「ジャネーズ事務所」だとか。うーむ。文章にしてみると，単なるおやじギャグにすぎないが，本番ではライブマジックがあるからけっこうウケた。思いついた時は，車の中でひとりで大笑いしているので，対向車にさぞかし不審に思われていることだろう。

今年はロバート秋山の，梅宮辰夫のお面にヒントを得て「お面コント」にしてみた。職員室で安藤先生のお面をつくっている時はもう，みんな大さわぎで大笑いだったが，実際に昇陽祭で笑いがとれたかどうか，この「みねのぞ」が配られている頃には判明しているだろう。

友達との会話の中で，流れで笑いをとるのは簡単だが，大勢の人間をいっぺんに笑わせるのは難しい。たとえば授業中。生徒がボケてくれると，それなりに拾ってツッコめばいいのだが，自分がボケるのは勇気がいる。誰も拾ってくれないで，しーんとなったら，どこに着地していいかわからないからである。ちなみに私は「どんなしょーもないボケでも，カープの菊池なみに拾いますねえ」とほめられたことがあるのが自慢だ。

４月の１年生の校内巡りで，私が授業をしているところに来た４年生が「はあい，この先生はおもしろいですよー」と説明していた。この学校では，12年かけて私のお調子者キャラが定着しているため，たぶんたいしておもしろくない話でも，笑いのハードルが低くなっている部分があるだろう。今転勤したら，お調子者キャラを定着させるより前に定年になってしまうかもしれないではないか。

先日，陸上の試合で，仕事の補助員をやってくれていたＫ中学校の生徒が「先生，私の悩みを聞いてくださいよ」と言う。よその学校の生徒とはいえ，いつも一緒に仕事をしているので，けっこう親しくなっているのである。「進路のことで迷ってるんですよね。私，勉強もあんまりできないし，とりえっていうものがないし……」「いやいやいや，あるでしょ。その顔と足！」そう，その子は100メートルで決勝に残るくらいの選手であり，顔もかわいいのだ。「でもー，おかずクラブのオカリナに似てるって言われるんですよー。ひどいですよー」うぷぷぷ。確かに似ている。

この生徒の相談に，わたくしは，品格ある広島中等教育学校の教師として次のように答えてあげました。「ねえ，同じ学年に相方のゆいＰに似てる子はいないの？」「いますけど……」「じゃあ，その子と組んで，なんか言われたら『そーれがおまえらのやーりかたかあっ！』って言うのはどう？」「先生！　真面目に考えてください！」

Ｋ中学校の生徒よ。すまん。でも，こーれが中等のやーりかただあっ！（「中等の」ではないですね……）。

水登先生へ

いつもボケを拾っていただき誠にありがとうございます。僕の中のゴールデン・グラブ賞です。（2年生）

水登先生へ

私は，新入生歓迎会の時の先生紹介で，タヌキの置き物に「水登」と書かれた札を見て（注：その日，私は出張だったため，何かでっかい似顔絵を用意しておこうかと思ったのですが，前任校で卒業式のプレゼントとして生徒にもらった信楽焼のタヌキがあることを思い出し，名札をつけて執行部に「これが水登先生です」と紹介してもらった件のことです。クラスの男子連中がわざわざ毛糸でポニーテールの髪をつけ，眼鏡をかけさせたタヌキの人形。あの子たちももう30歳近くになっているはずです），きっとおもしろい先生なんだろうなと思っていました。

そして，昇陽祭の時に「ＳＵＮ」を歌っていた先生が水登先生だと知り，やっぱりおもしろい先生だなあと思いました。私は今年初めて昇陽祭に参加し，初めて先生の考えた「お面コント」を見てたくさん笑い，とてもいい思い出になりました。

来年の昇陽祭もとても楽しみになりました。先生の考えるコントを，来年もとても期待して待っています。6年間よろしくお願いします。

（1年生）

水登先生へ

私は水登先生の話が好きです。やっぱりおもしろいからです。水登先生は授業中とかに男子が小声でボソッと言ったことも拾ってくださるので，すごいなあと思います。

私はあんまり人を笑わせることができないので「なぜ水登先生はあんなにおもしろいのか」と本気で悩んだこともあります（本当です）。やっぱりボキャブラリーと経験と努力が必要なのでしょうか。全人類がおもしろければいいということではないですが，「カオリといて，楽しい」と初対面でも思ってもらえるようになりたいです。

関係ないですが，応援団の応援，してます！（5年生）

水登先生へ

先生と僕たち中・高校生は，笑いのツボが同じなんだと思います。だから，先生の考える脚本やギャグには，いつも楽しませてもらっていますし，僕たちが何かボケても先生はとても笑ってくださいます。さすが永遠の17歳ですね！

僕も人に笑ってもらうのが好きで，自分がボケた時に誰かひとりでも笑ってくれる人がいると，とてもうれしいです。だから日々，ギャグセンスを磨いています。それでもシラケてしまった時は，すぐ謝るとその場をしのげます。（5年生）

水登先生へ

先生の文章，楽しくていつも一番初めに読んでいます。先生がおもしろいというのは，私が1年生の時から，なんとなくはわかっていたけれど，小さい頃からおもしろかったんですね！　私もそのドタバタコメディ見てみたかったです。昇陽祭や定期演奏会での先生とのコラボ，すごく楽しいし，吹奏楽部員としてすごく感謝しています。水登先生の考えるネタもおもしろくて好きだし，先生たちが来られることで，吹奏楽部のステージも盛り上がります。これからもよろしくお願いします。

（4年生）

あとがき

１冊目の『中学校「特別の教科　道徳」の授業づくり　集中講義』を出版した時，多くの先生方に手にとって読んでいただきました。そして，「水登先生が普通に話しているみたいな文章だった」と何人かの先生に言われました。そうなんですよ。タイトルに「集中講義」という言葉がついているのは，編集者さんの提案で，「『道徳教育』の連載の時のような語り口調で」というリクエストからでした。今思えば，学級通信を書くことで，この「語り口調の文章」が身についたのかもしれません。それ以外の場で「語り口調で許される公の文章」はないような……。

学級通信を出す時には，学年主任→教頭先生→校長先生，と起案を回すのですが，新しい教頭先生が来られた時，最初は表現に赤ペンが入ります。だけど，２号目くらいからは「これはこういうものなのだ」と割り切られるのか，表現に赤ペンが入らなくなります。それを考えると，本書の学級通信がスタンダードとは言えないので，これを読んだ先生方が同じように学級通信を書いて，教頭先生に直されまくったらごめんなさい。たぶん，おもしろい文章と「ふざけすぎ」「はっきり書きすぎ」と思われる文章との境目ギリギリをいくのは難しいことなのでしょうが，考えもせず自由に書いております。

文章を書いて読み返してみると，一文が長くなったり，話題の順番が前後したり，何度も同じようなことを書いたりしています。学級通信で，どのように書けば伝わりやすいかを常に考えて書く練習をしましょう。ここで，「報告書以外の普通の文章を書くということが，教員生活で必要だろうか？」と思われた先生，この技術はたとえば，リーダーを育てる時に大いに役に立ちます。行事の時にリーダーに渡すシナリオがそれです。

生徒会担当になった先生ならわかるはず。たとえば執行部が大勢の生徒を動かす時，担当の先生が執行部に丸投げしたために，「こう動かす前に，ひとつこの動きを入れておかないと大混乱になるぞ」みたいなことを生徒が予想できなくて，指示を出してしまってから「あー，すみません，すみません。もう一度もとの位置に戻ってください」「えーっ！　最初から言っといてよー！」執行部の生徒，かわいそうに大ブーイングをあびる……という場面を見ることがあります。これ，一番腹が立つパターン。リーダーの生徒に，大勢の前で恥をかかせちゃダメ！　それは指導者の準備不足。中学生が指示しても大勢が理解して，すんなり動けるようなシナリオ（これをリーダーが頭に入れて行事にのぞむ）を書ける技術は必要だし，教科の授業でも，説明がわかりやすい先生とわかりにくい先生の差は，そんなところにあると思います。

それでも，報告書でも研究発表でもない「普通の文章」を書くのが苦手という場合は，雑誌（話題の週刊誌など）を読んでみるとよいと思います。雑誌にはさまざまな話題，さまざまな文体の読み物が載っているので，自分が「これは！」と思うものを選んで読めるからです。

また，雑誌は中学校教員にとって必要な雑学の宝庫。生徒のボケに瞬間的に反応したり，教養をひけらかしていばったりするのにも役立ちます（あ，「教養」といえば，昨日グラウンドにて，男の先生２人が並んで歩いていて，私と同世代の方がいきなり「ねえねえ『キューポラのある街』って知ってる？」と聞くので「あ，吉永小百合！　鋳物の街の話でキューポラは煙突ですよね」と答えると「やっぱり知ってたかあ……」と。その時，若い先生の「共通の教養があるってうらやましいです」という声が聞こえたのですが，これは「教養」ではない。「雑学」ですね)。

学級通信を書くのは，時間がかかるからしんどい……という先生は，きっと最初から言葉を選んで，よりよい表現を目指して書かれるから時間がかかるんだろうなあ。大学生の時，「おまえ，そうやって人の聞いたことにぱっと自分の意見を言うのは，よっぽど頭がいいか，よっぽど考えずにしゃべってるかどっちかじゃ！」と言われて「なるほどー」と感心したことがありますが，文章を書くのもそんな感じ。思いつくままにどんどん書いて，パソコンで打ったものなら無駄な言葉はどんどん削除していく癖をつければ，文章を書くことが苦にならなくなります。

私自身は，中学１年生の時から（国語の先生にすすめられて）日記を書いています。それが本箱にどどん！　と並んでいて，今やそれをいつ処分するかが問題なのですが，若い時は，もっと若い頃の日記がずいぶん役に立ちました。「初心に返ろう」「こんなに周囲にお世話になってきたんだな」「時間がたったら悲しいことも忘れられるんだな」などのことに気づかされるからです。でも「日記がずっと続く人」ってそんなにいませんよね。そのかわりに学級通信があって，保護者がそれをとっておいてくれたら，中学時代の記録は残り，後で読むことができます。そこで，こんな中身のつまった中学時代を過ごしたのだと気づいたら，何か力がわいてくるんじゃないかなあ。「お題日記」ならなおさら。

大学の時「先生になると，自分のもっている知識を，簡単に人（生徒）に教えてしまわないといけないのが嫌だ」と言っていた同級生がいて「だったら，なんで教育学部に入ったん？（笑）」でしたが，今私が思うのはその真逆のことです。たとえば「同時に２つのものを手に入れることはできない。本当にほしいものがあれば何かを犠牲にしなければならない。先生はこれに30歳くらいで気づきましたが，特別に今，みんなに教えてあげます！」という感じ。他にもいろいろあるぞー。「家族も仲間も，誰かが努力を放棄したら存続しない」とか「大切な人に明日もまた会えるとは限らない」とか。自分がここまで生きてきて，失敗したり苦しんだりしてわかったことを早い段階で教えてあげたい（役に立つか，理解できるかは別として）という気持ちで，いろいろなことを文章で語るのが私の学級通信。

「水登先生は，なんで先生になろうと思ったんですか？」「んー（実はよく覚えてないけど），少しは人のために何かできるかなと思って」「えー，なんか先生らしくないですねー」「失礼なっ！」……そんな生徒は20年後くらいに学級通信を読み返していただければ，と思っています。

【著者紹介】

水登　伸子（みずと　のぶこ）

昭和35年広島県呉市生まれ。

広島大学教育学部教科教育学科卒業。

広島市立広島中等教育学校教諭。

広島市中学校教育研究会道徳部会部長。

学級経営サポートBOOKS

学級づくりがうまくいく！

中学校「お題日記＆学級通信」

2017年２月初版第１刷刊　©著　者　水　登　伸　子

発行者　藤　原　光　政

発行所　明治図書出版株式会社

http://www.meijitosho.co.jp

（企画）茅野　現（校正）嵯峨裕子

〒114-0023　東京都北区滝野川7-46-1

振替00160-5-151318　電話03（5907）6701

ご注文窓口　電話03（5907）6668

＊検印省略　組版所　中　央　美　版

Printed in Japan　ISBN978-4-18-198414-4